学ぶ人は、
変えて
ゆく人だ。

目の前にある問題はもちろん、
人生の問いや、
社会の課題を自ら見つけ、
挑み続けるために、人は学ぶ。
「学び」で、
少しずつ世界は変えてゆける。
いつでも、どこでも、誰でも、
学ぶことができる世の中へ。

旺文社

大学入学

共通テスト

古文漢文

集中講義

伊東慈子 著

旺文社

はじめに

古典は大得意！　確実な得点源です！　——こんなふうに言える受験生はそれほど多くはないと思います。「古典、めんどくさっ」「本文を読んでも、どういう話なのか今イチつかめない」「古典の勉強ってどこから手をつければいいの？」などと思っている人のほうが多いのではないでしょうか。

実は私がそうでした。今から遡ることウン十年前、高校生の私は古典が大の苦手でした。学校のテストではいつも平均点スレスレの低飛行、大学受験では「古典は捨て科目」と諦めていました。いわば〝古典弱者〟だった私が何の因果か予備校で古典を教えることになり早幾年（現在はわけあって教壇を下りています）、今回、共通テストの対策本を作ることになりました。

すでにさまざまな共通テスト対策の参考書や問題集が出ていますが、元〝古典弱者〟の私はこんなふうに思いました。古典の勉強に苦労している人、古典をずっと後回しにしていた人、古典にあまり時間をかけられない人（特に理系の人など）の助けになる本を作りたい……。そこで、共通テスト古典攻略のための〝基本装備〟〝武器〟として最低限何が必要か、それを実戦で活用するためにどんなふうに腕を磨いていくか、この二点を考えに考えました。その結果、既存の対策本にはない工夫の詰まった本になりました。

古典は、やればやっただけ点数がのびる科目です。ぜひ試験本番当日には、この本で手に入れた〝使える武器〟をたずさえ、「古典でいっちょ点数稼いだるわ！」という意気込みを胸に会場に向かってください。皆さんの健闘を祈っています。

２０２２年７月　伊東慈子

もくじ

漢文

第1章 知識の整理

第2章 チャレンジテスト

古文問題校閲：下屋敷雅暁
編集協力：株式会社　エイティエイト
校正：株式会社　研文社、荒明哲子、加田祐衣、加藤陽子、広瀬菜桜子
装丁デザイン：及川真咲デザイン事務所（内津剛）
本文デザイン：ME TIME（大貫としみ）

大学入学共通テストの特徴

「大学入学共通テスト」とは?

「大学入学共通テスト」(以下「共通テスト」)とは、各大学の個別試験に先立って行われる全国共通の試験です。国公立大学志望者のほぼすべて、また私立大学志望者の多くがこの試験を受験し、大学教育を受けるための基礎的な学習の達成度を判定されます。

共通テスト「国語」の特徴は?

共通テスト「国語」の出題内容・形式は次の通りです(2024年4月現在)。

▼試験時間…90分
▼出題内容…現代文(論理的文章・文学的文章・実用的文章)3題、古文1題、漢文1題(計5題)
▼配点…200点(各大問45点、ただし「実用的文章」は20点)

共通テストの古文・漢文では私大入試や国公立二次試験と同じように、単語・文法・句形(句法)などの基礎知識が身に付いているか、文章の内容を正確に把握した上で設問の要求に的確に対応できるか、が問われます。さらに共通テストの最大の特徴ともいうべき「複数の文章・資料をからめた出題」がなされるため、それらの関連性を問う設問や資料をもとに本文の内容を読み解く設問への対応力も要求されます。

どのように対策すればいい?

遅くとも受験年度の夏頃までには、基礎知識のインプットを確実に終わらせておきたいところです。そしてその知識を実際に使えるものにするため、入試の数か月前からは実戦的なトレーニングへ移行するのがよいでしょう。共通テストの出題傾向に慣れるため、本書のチャレンジテストや過去問集などを活用してできるだけ多くの問題に取り組み、「短時間で正確に内容を把握する」「設問の要求に的確に対応する」ための実戦力を養っていきましょう。

本書の構成

古文は「知識の整理」「文脈把握の練習」「チャレンジテスト」の3部構成、漢文は「知識の整理」「チャレンジテスト」の2部構成になっています。別冊には問題を、本冊には解答解説を掲載しています。

「知識の整理」（古文・漢文）

文章題に取り組む前におさえておくべき基礎知識を確認します。穴埋め形式の基本問題とセンター過去問を用いた実戦問題を用意しました。問題を解き始める前に、別冊の「知識の整理に取り組む前に」を読みましょう。

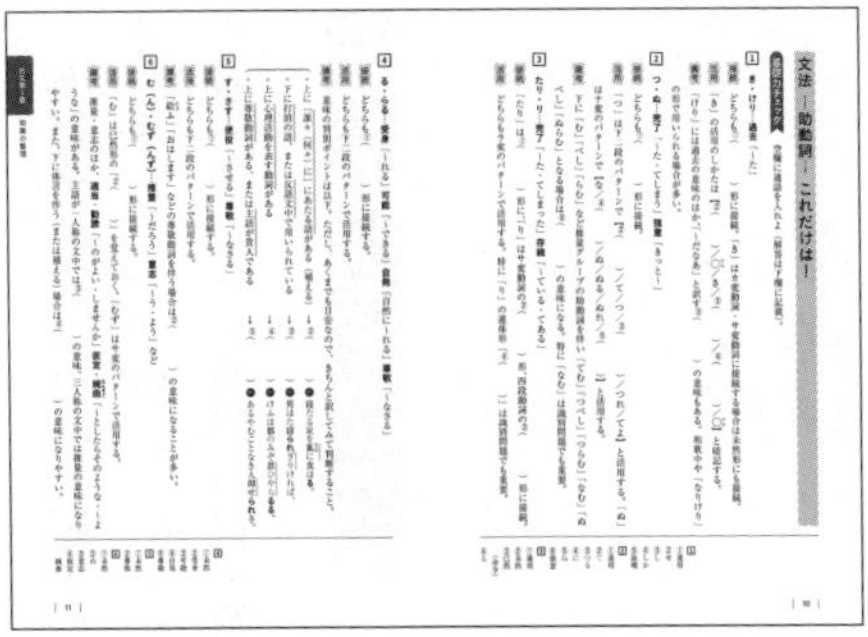

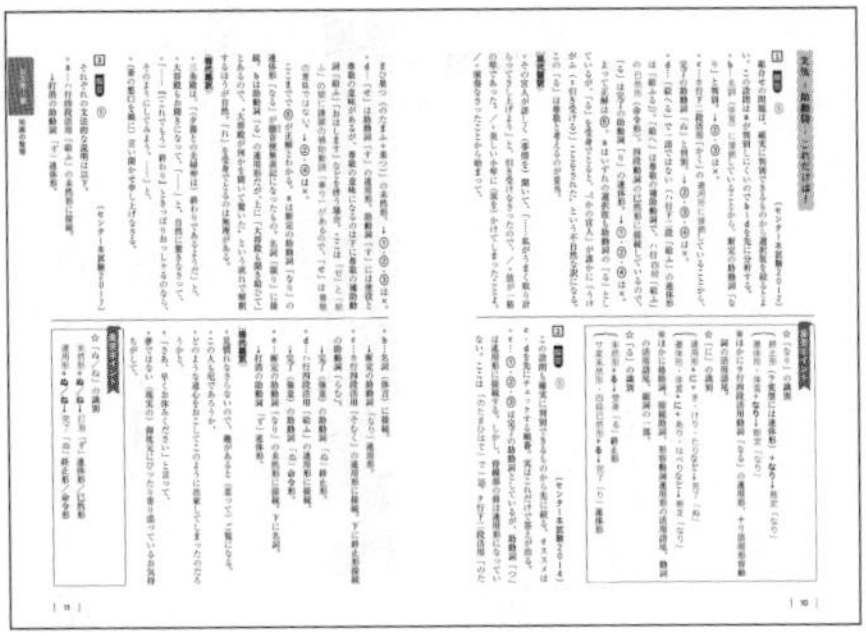

「文脈把握の練習」（古文のみ）

短時間で的確に文脈をつかむための練習をします。練習開始の前に、本冊18〜29ページ「文脈把握のコツ ─短時間で大筋をつかめ！」と別冊26〜27ページ「文脈把握の練習に取り組む前に」を読みましょう。

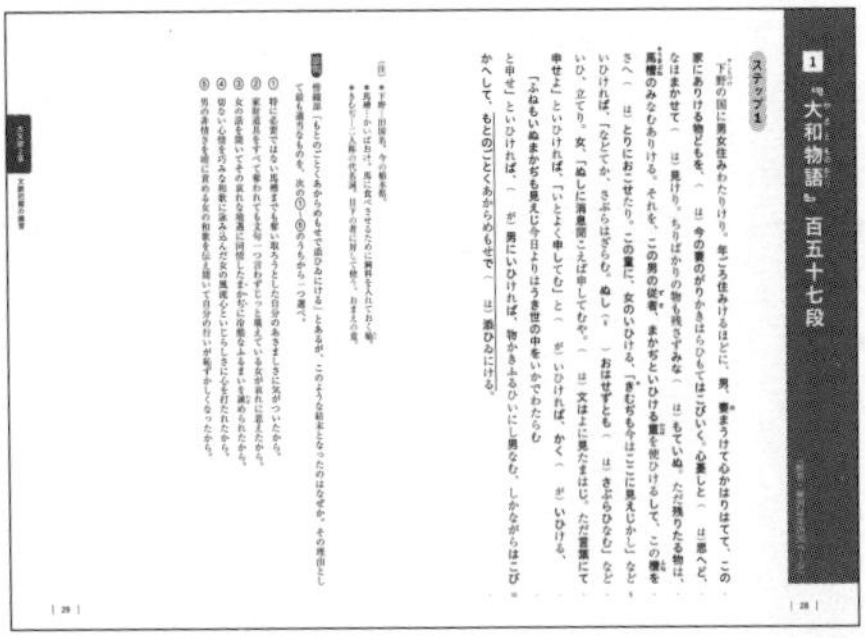

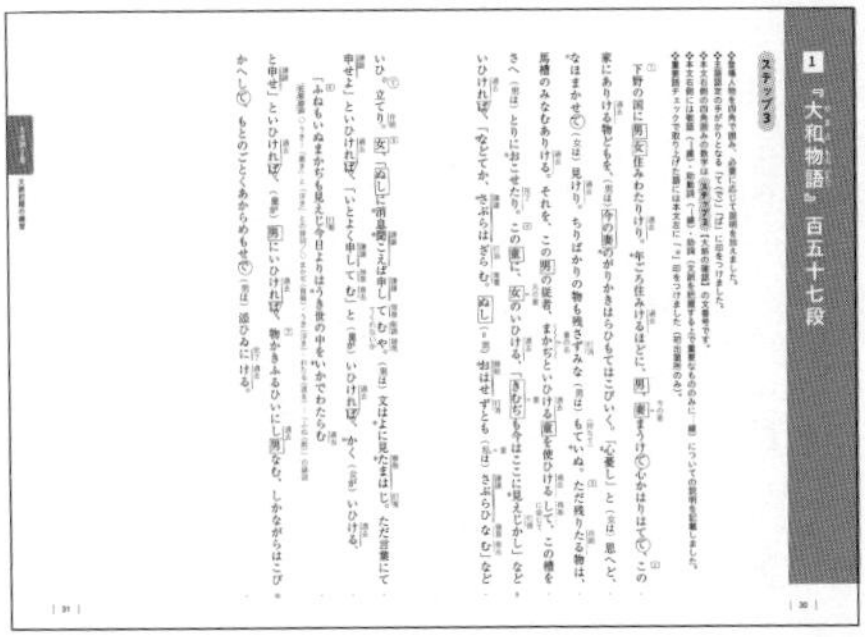

「チャレンジテスト」(古文・漢文)

共通テストの模擬問題を古文・漢文それぞれ3題ずつ用意しました。別冊の「チャレンジテストに取り組む前に」を読んでから、問題演習を始めましょう

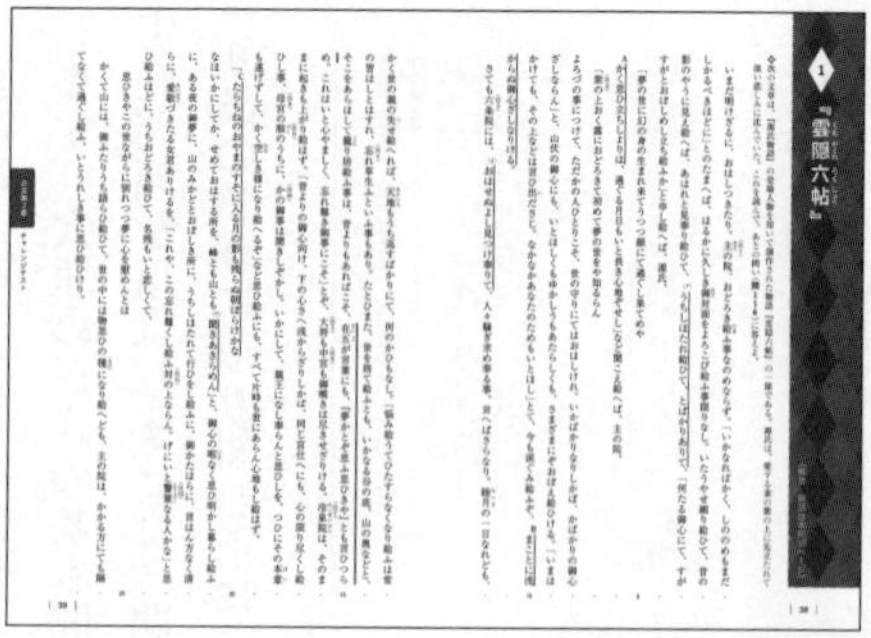

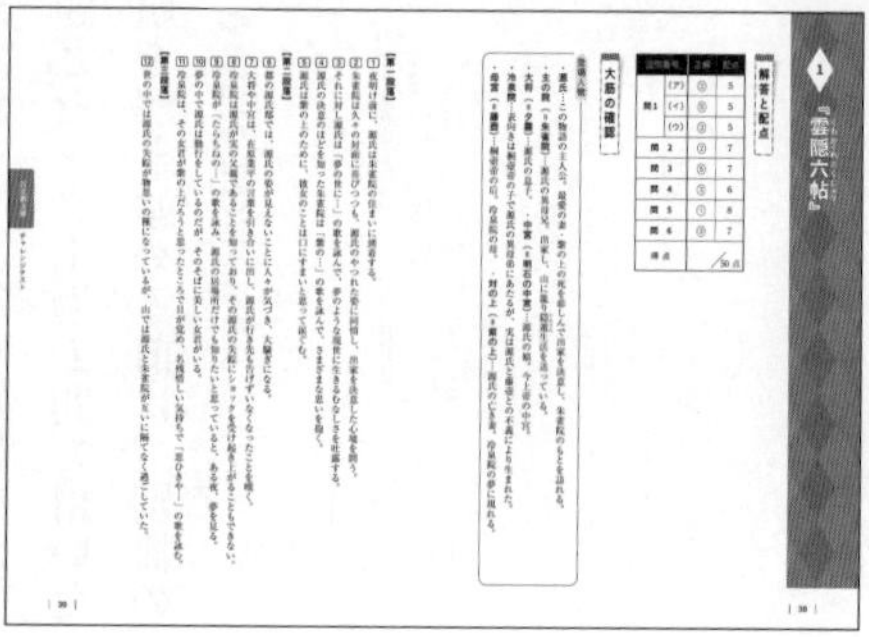

古文

第1章 知識の整理

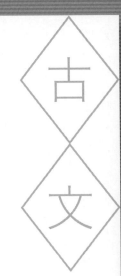

1 **解答** ⑤ （センター本試験２０１２）

組合せの問題は、確実に判別できるものから選択肢を絞るとよい。この設問は**a**が判別しにくいので**b**～**d**を先に分析する。

◦**b**…名詞（体言）に接続していることから、断定の助動詞「なり」と判別。→②・③は×。

◦**c**…カ行下二段活用「かく」の連用形に接続していることから、完了の助動詞「ぬ」と判別。→②・③・④は×。

◦**d**…「給へる」で一語ではない（ハ行下二段「給ふ」の連体形は「給ふる」）。「給へ」は尊敬の補助動詞で、ハ行四段「給ふ」の已然形（命令形）。四段動詞の已然形に接続しているので、「る」は完了の助動詞「り」の連体形。→①・②・④は×。

よって正解は⑤。**a**はいずれの選択肢も助動詞の「る」としているが、「る」を受身でとると、〝かの宮人〟が誰かに「うけがふ（＝引き受ける）」ことをされた〟という不自然な訳になる。この「る」は尊敬と考えるのが妥当。

現代語訳

◦その宮人が詳しく（事情を）聞いて、「……私がうまく取り計らってさし上げよう」と、引き受けなさったので、／◦弦が一筋の琴であった。／◦美しい小琴に（涙を）かけてしまったことよ。／◦演奏なさったことから始まって、

重要ポイント

☆「なり」の識別
- 終止形（ラ変型には連体形）＋**なり**→推定「なり」
- 連体形・体言＋**なり**→断定「なり」

※ほかにラ行四段活用動詞「なる」の連用形、ナリ活用形容動詞の活用語尾。

☆「に」の識別
- 連用形＋**に**＋き・けり・たりなど→完了「ぬ」
- 連体形・体言＋**に**＋あり・はべりなど→断定「なり」

※ほかに格助詞、接続助詞、形容動詞連用形の活用語尾、動詞の活用語尾、副詞の一部。

☆「る」の識別
- 未然形＋**る**→受身「る」終止形
- サ変未然形・四段已然形＋**る**→完了「り」連体形

2 **解答** ⑤ （センター本試験２０１４）

この設問も確実に判別できるものから先に絞る。オススメは**c**・**d**を先にチェックする順番。実はこれだけで答えが出る。

◦**c**…①・②・③は完了の助動詞としているが、助動詞「つ」は連用形に接続する。しかし、傍線部の前は連用形になっていない。ここは「のたまひはて」で一語。タ行下二段活用「のた

まひ果つ（のたまふ＋果つ）」の未然形。→①・②・③は×。

○**d**…「せ」は助動詞「す」の連用形。助動詞「す」には使役と尊敬の意味があるが、尊敬の意味になるのは下に尊敬の補助動詞「給ふ」「おはします」などを伴う場合。ここは「せ」と「給ふ」の間に謙譲の補助動詞「奉り」があるので、「せ」は尊敬の意味ではない。→②・④は×。

ここまでで⑤が正解とわかる。**a**は断定の助動詞「なり」の連体形「なる」が撥《はつ》音便無表記になったもの。名詞「限り」に接続。**b**は助動詞「る」の連用形だが、上に「大将殿も聞き給ひて」とあるので、〝大将殿が何かを聞いて驚いた〟という流れで解釈するほうが自然。「れ」を受身でとるのは無理がある。

現代語訳

○三条殿は、「（夕霧との夫婦仲は）終わりであるようだ」と、
○大将殿もお聞きになって、「……」と、自然に驚きなさって、
○「……『（これでもう）終わり』ときっぱりおっしゃるのなら、そのようにしてみよう。……」と、
○（妻の悪口を娘に）言い聞かせ申し上げなさる。

（センター本試験2017）

3 **解答** ⑤

それぞれの文法的な説明は以下。

○**a**…ハ行四段活用「給ふ」の未然形に接続。
→打消の助動詞「ず」連体形。

○**b**…名詞（体言）に接続。
→断定の助動詞「なり」連用形。

○**c**…カ行四段活用「そむく」の連用形に接続。下に終止形接続の助動詞「らむ」。
→完了（強意）の助動詞「ぬ」終止形。

○**d**…ハ行四段活用「給ふ」の連用形に接続。
→完了（強意）の助動詞「ぬ」命令形。

○**e**…断定の助動詞「なり」の未然形に接続。下に名詞。
→打消の助動詞「ず」連体形。

現代語訳

○見慣れなさらないので、趣があると（思って）ご覧になる。
○この人も尼であろうか、
○どのような道心をおこしてこのように出家してしまったのだろうかと、
○「さあ、早くお休みください」と言って、
○夢ではない（現実の）御枕元にぴったり寄り添っているお気持ちがして、

重要ポイント

☆「ぬ／ね」の識別

未然形＋**ぬ**／**ね**→打消「ず」連体形／已然形
連用形＋**ぬ**／**ね**→完了「ぬ」終止形／命令形

文法 ―助詞― これだけは！

1 **解答** ②　（センター追試験２０１８）

ポイントは、「しるく」の訳、「かなはで」の訳の二つ。

。しるく…形容詞「著し」の連用形で〝はっきりしている〟の意。

。かなはで…ハ行四段活用「かなふ（適ふ・叶ふ）」の未然形に打消の接続助詞「で」が接続したもの。「かなふ」は〝期待される事柄にちょうど合うようになる〟が原義で、下に打消の語を伴うと〝できない・思うようにならない〟という意味になる。

↓以上の二点をおさえた②が正解。

もちろん、「で」の知識だけでこの問題は解けないが、「で」の働きがわかっていなければ誤答の可能性もある。

現代語訳

。（民部が弁君の乳母に）申し上げることには、「やはりそうだったのですね。そのようなことがございましたが、いろいろと世間に対する遠慮ではっきり言い出すことができないでそのままにし、あなたにさえ知らせませんでしたのに、……」

2 **解答** ⑤　（センター本試験２０１２）

まず、「ばや」に注目する。「ばや」は自己の願望を表す終助詞なので、「～たい」と訳していない②・③・④が削除できる。

次に「見あきらめ」の意味を考える。「あきらめ」とあるからといって、現代語の「諦める」の意ではない。古語の「あきらめ」は漢字では「明らむ」と書き、〝物事をよく見て明らかにする〟の意。よって「見きわめたい」と訳している⑤が正解。

現代語訳

。京の都に上って、高雅な筆づかいをもはっきり見きわめたいと、突然心を奮い立たせて、

3 **解答** ⑤　（センターⅠ・Ⅱ本試験２０００）

それぞれの文法的な説明は以下。

。**a**…下に名詞「方」が接続している。連体形で「し」になるのは過去の助動詞「き」連体形。

。**b**…「し」は形容詞「おそろし」の一部。

。**c**…下に動詞「給へ（給ふ）」が接続している。連用形で「し」になるのはサ行変格活用動詞「す」連用形。

。**d**…下に動詞「侍れ（侍り）」が接続しているので、**c**と同じサ行変格活用動詞「す」連用形。

。**e**…「しも」の形で用いられており、「しも」を取り除いても文意は伝わるので「し」は強意の副助詞。

。**f**…「し」は形容詞「頼もし」の一部。「頼もしか」で一語。形容詞「頼もし」に推定・伝聞の助動詞「なり」が接続して、カリ活用の連体形「頼もしかる」が撥音便無表記になったもの。

。**g**…上に疑問語（この文では「誰」）がある場合、係り結びと

同じように連体形で結ぶ。「し」は過去の助動詞「き」連体形。

◦h…「かき鳴らし」で一語。「し」はサ行四段活用動詞「かき鳴らす」連用形の活用語尾。

↓「いずれでもないもの」はe・h。⑤が正解。

現代語訳

◦あの人が入っていった方に入っていくと、塗籠の部屋がある。

◦「ああ、おそろしい。何か言ってください」とおっしゃる。

◦このように見苦しい暮らしをしておりますので、

◦若小君は、「(ことわざに)『うときより』というらしいので、(お互いの気持ちが)はっきりしないことこそ頼もしいようだ。……」などとおっしゃる。

◦「……。(父上は)誰と申し上げたか(＝何という名で知られた方か)」などとおっしゃる。

◦琴を、たいそう静かにかき鳴らして座っているので、

重要ポイント

☆「し」の識別

「し」が連用形になっている→サ行変格活用動詞「す」
「し」が連体形になっている→過去の助動詞「き」
「し」を取り除いても意味が通じる→強意の副助詞

※ほかにサ行四段活用動詞の活用語尾、形容詞の一部。

敬語　これだけは！

1 **解答** ④　(センター本試験2009)

まず、それぞれの敬語の種類について確認していく。

◦a…上に動詞「参らせ」があるので「候ふ」は補助動詞。「候ふ」が補助動詞のときは丁寧のみ。↓①・③・⑤は×。

◦b…「賜る」は謙譲の本動詞。↓①・③・⑤は×。

◦c…「御覧ず」は尊敬の本動詞。↓①・⑤は×。

残った②・④について、敬意の方向を確認していく。選択肢を見てみると違っているのはcについての説明。ここの「御覧ず」は会話文中の尊敬語なので、話し手から動作の主体に対する敬意を表すと考える。②・④ともに話し手を「常磐」と捉えているので問題はない。全文を引用しているわけではないのでわかりにくいかもしれないが、この言葉は「常磐」が主人の「兵部卿宮」に対して「兵衛佐の妹」に近づく方法をアドバイスしているものである。「御覧じ候ひて……入らせ給へかし」と命令形「給へ」で終わっている(「かし」は念押しの終助詞)ことからもわかるだろう。となると、「御覧ず」「入る」という動作の主体は「兵部卿宮」と考えるのが妥当である。よって、正解は④。

aは会話文中の丁寧語なので、話し手から聞き手への敬意(話し手＝兵衛佐／聞き手＝兵部卿宮)。bは地の文中の謙譲語なので、作者から動作の相手への敬意(動作の相手＝兵部卿宮)。

現代語訳

。兵衛佐が、（兵部卿宮に）申し上げることには、「……お召しに従って（この菊を）さし上げます」と申し上げると、

。「今回は、（私の名を）明らかにしてお返事を求めよ」とご命令があったので、常磐は、（手紙を）いただいて、三条へ行き、西の対で、「これは兵部卿宮のお手紙だよ」と言うと、

。（常磐が兵部卿宮の）近くに参上して、「……灯火が白々と（照らし明るく）なってから、（姫君の姿を）よくよくご覧になりまして、お気に召しましたなら、紛れ込みなさいませよ」（と言う）。宮は、そういう手もあるだろうと思いなさって、

2 解答 ⑤ （センターⅠ・Ⅱ本試験２００３）

どちらも「聞こえ」は謙譲の本動詞、「給ふ（給へ）」は尊敬の補助動詞で、傍線部の訳は〝申し上げなさる〟。謙譲語は動作の相手への敬意、尊敬語は動作の主体に対する敬意を表すので、それぞれ〈誰に誰が言ったのか〉を捉える必要がある。

。a…后の宮（＝動作の相手）に、式部卿の宮の姿を見つけたことを知らせようと若君（＝動作の主体）が言った。

↓聞こえ＝后の宮への敬意／給ふ＝若君への敬意

。b…妹が生まれてから自分が相手にされない不満をぶつける若君（＝動作の相手）に、親王（＝動作の主体）が言った。

↓聞こえ＝若君への敬意／給へ＝親王（式部卿の宮）への敬意

現代語訳

。若君はそわそわと歩き回りなさっていたが、（式部卿の宮の姿を）早くも見つけなさり、上に申し上げようと走っておいでになって、「式部卿の宮が、参上した」と申し上げなさるのを、

。親王が、「この姫君をかわいいとお思いですか」とおっしゃると、（若君は）頭を横に振って、「いいえ。この赤ちゃんを得なさってからは、后の宮がいつも抱きかかえなさり、私を以前のように抱いて下さらない」と不満そうにおっしゃると、親王もお笑いになり、「いつまで抱かれなさりたいとお思いですか。……ただだをこねてはいけないよ」と申し上げなさると、

和歌の修辞法 これだけは！

【修辞を用いた和歌の例】

例 山里は冬ぞさびしさまさりける人目も草も**かれ**ぬと思へば　源《みなもとの》宗于《むねゆき》

◇「かれ」が「離《か》れ」と「枯れ」との掛詞

訳 山里は冬が、寂しさがまさって感じられることだ。訪れる人もなくなり、草も枯れてしまうと思うと。

例 **ひさかたの**光のどけき春の日にしづ心なく花の散るらむ　紀友則《きのとものり》

◇「ひさかたの」が「光」を導く枕詞

訳 日の光ののどかな春の日に、どうして落ち着いた心もなく桜の花が散っているのだろうか。

例 **陸奥《みちのく》のしのぶもぢずり**誰《たれ》ゆゑに**乱れ**むと思ふ我ならなくに　源《みなもとの》融《とほる》

◇「陸奥のしのぶもぢずり」が「乱れ」を導く序詞

訳 陸奥のしのぶもじずりの乱れ模様のように、あなた以外の誰のせいで心が乱れようと思う私ではないのに（私の心が乱れるのはあなたのせいなのですよ）。

※しのぶもぢずり…石の上に布を置き、忍ぶ草の葉や茎をすりつけて乱れ模様を出したもの。陸奥の信夫《しのぶ》郡（現在の福島市南部）から産したといわれる。

例 青柳《あをやぎ》の糸**より**かくる春しもぞ**乱れ**て花の**ほころび**にける　紀貫之《きのつらゆき》

◇「より・乱れ・ほころび」が「糸」の縁語

訳 青く芽吹いた柳の細枝が風になびき合って糸をよりかけることの春に、一方では桜の花が咲き乱れていることよ。

※「かくる・春（張る）」を縁語に含める解釈もある。

【主な掛詞】

- あき→秋・飽き
- かれ→枯れ・離れ
- ながめ→長雨・眺め
- ふみ→文・踏み
- まつ→松・待つ
- うき→憂き・浮き
- すみ→住み・澄み
- なみ→波・無み（※）
- ふる→降る・経る・古る
- よ→夜・世・節

※「無み」は、形容詞「無し」の語幹に接尾語「み」が接続したもので〝ないので〟と訳す。

【主な枕詞】

- あしひきの→山
- からころも→きる・たつ
- ちはやぶる→神
- ひさかたの→光・空・天
- あづさゆみ→いる・ひく・はる
- くさまくら→旅・結ぶ
- たらちねの→母・親
- ぬばたまの→黒・髪・夜

読解のための 古文常識語QUIZ 【1 人物・役職】

❖次の語の説明として適当なものを、あとのア～シの中から一つずつ選べ。

＊解答は103ページ

① 内《うち》・内裏《うち》　② 院《いん》　③ 中宮《ちゅうぐう》　④ 女御《にょうご》

⑤ 更衣《こうい》　⑥ 春宮《とうぐう》　⑦ 上達部《かんだちめ》　⑧ 殿上人《てんじょうびと》

⑨ 蔵人《くろうど》　⑩ 女房《にょうぼう》　⑪ 北《きた》の方《かた》　⑫ 乳母《めのと》

（読みは現代仮名遣いで示した）

ア　貴人の正妻のこと。

イ　生母に代わり貴人の子供に乳を飲ませ育てる女性。

ウ　天皇夫人で、中宮の下の位。摂関家の娘がなる。

エ　中央省庁中枢部の上級役人。公卿《くぎょう》も同じ。

オ　天皇のこと。帝《みかど》・御門《みかど》・主上《しゅじょう》も同じ。

カ　天皇譲位後の敬称。上皇《じょうこう》・法皇《ほうおう》も同じ。

キ　貴人の身辺の世話や子女の教育に携わった女性。

ク　天皇の正妻にあたる第一位の妻。皇后と同等の位。

ケ　天皇のそば近く仕え、秘書的な仕事をする役人。

コ　天皇夫人で、もとは天皇の着替えを手伝う女官。

サ　昇殿を許された、四位・五位および六位の蔵人。

シ　皇太子のこと。東宮も同じ。

古文

第2章

文脈把握の練習

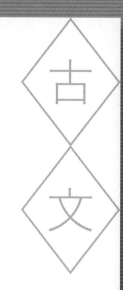

❖全文訳はしなくていい！

22年度共通テスト古文の問題文は、二つの文章の合計で1150字程度でした。21年度は、和歌四首を含む比較的短めの文章で約900字。この二カ年だけを見てみると、問題文が1300字程度（多い年度は約1600字もの長文！）だったセンター試験時代より楽になったと感じるかもしれません。しかし、17年度に実施された第1回試行調査（プレテスト）では三つの文章が本文として提示されており、合計すると約1300字でセンター試験とほぼ同じ文章量でした。また本文のほか、設問中にサブ資料として短めの古文が提示されるパターンの出題も考えられます。たとえば、18年度実施の第2回試行調査では、約1000字の本文に加え、設問中にサブ資料として約150字の文章が提示されました。つまり、共通テスト形式になったからといって、読まなければならない古文の量が大幅に減ったわけではないと考えたほうがよいでしょう。

共通テストではセンター試験と変わらず、四つの大問を解くための時間は80分です（現古漢すべてが必要な場合）。単純計算して一題を20分で解く必要があります。20分で1000字以上の古文を読み、設問を解く……どう考えても全文訳をしている余裕はありません。しかも、その古文は初めて出会う文章の可能性が高いのです。

そもそも出題者は、受験生に全文訳の力があるかどうかを見たいと思っているわけではありません。基本的な古文単語、文法の知識が身に付いているかに加え、文章の内容を正確に捉えた上で設問の要求に的確に対応できるかどうか、を問うているのです。つまり、受験会場の現場で必要なこと……それは全文訳ではなく、問題文の内容を短時間で的確につかむことなのです。

❖まずは重要な情報だけを選別して話の筋をつかめ！

古文の問題を解く際に、できれば、最低二回は問題文を読みたいところです。一回目の読みでは、傍線箇所をなるべく気にせず、話全体の流れ・筋をつかむことに集中します。二回目の読みで少し細かいところにも注意を払いながら設問を解いていくのですが、一回目の読みの時点で話の筋がある程度つかめていれば、文脈に関わる設問を解く上で、そのポイントが明確に見えてくるはずです。

では、初めて出会う文章の内容を短時間でつかむにはどのようにすればよいのでしょうか。

ここでは、出題の九割近くを占める物語的文章（日記も含む）の読解に絞って話をすることにしますが、物語は、〝誰が（誰に）どうした〟を追っていけばだいたいの話の筋はつかめます。人物についての細かな説明（役職や住んでいる場所など）や情景描写は、基本的に流し読みで構いません。心情を表す表現や状況を説明する語が読解のポイントになることもありますが、そのあたりのさじ加減は練習を積むことで自然に体得できます。まずは、〝誰が（誰に）どうした〟話なのかを意識して問題文を読む練習をしましょう。

さらに、常に場面を思い浮かべながら読み進める、これも物語読解の鉄則です。いわば文字の映像化です。これができていれば、解釈がとんでもない方向にいってしまったり、その場にいるはずのない人物を動作主と勘違いしたりすることも避けられます。

❖主語認定のツールを使いこなせ！

〝誰が〟をつかむことが重要だと言いました。しかし日本語は、この〝誰が〟にあたる語、つまり主語が省略されやすい言語です。ということは、その省略された主語を正確に捉える、つまり主語認定は話の筋をつかむための必須課題だということです。以下は、その主語認定の作業を助けるツールです。なお、ここでは人物が主語の場合に限って話をすることにします。

《「て・ば」で見抜け！》

「Aさんは昨日風邪を引いて学校を休んだ。」という文を見てください。風邪を引いた人は誰ですか？　学校を休んだ人は誰ですか？　もちろん、どちらも「Aさん」ですね。実は古文でも、同じ人の動作をつなげる場合、接続助詞の「て」がよく使われるのです。また、この「て」を省略して「Aさんは昨日風邪を引き、学校を休んだ。」という言い方もできます。「て」が省略されただけなので、前後の主語は変わりません。この「引き」は動詞「引く」の連用形です。連用形に接続する働きのある「て」が省略されて「引き」が連用形のまま残り、その下に読点（、）が打ってあるという形です。つまり、連用形の下に読点があったら「て」の省略が考えられるので、そのあとの主語は同じ人になる可能性が高いといえます。この点についても、古文で同じように考えることができます。

さらに古文には、「て」に打消の意味が加わった接続助詞「で」があります。この「で」でつながっている場合も前後の主語が同じになることが多いと覚えておいてください。ほかに、「て」とほぼ同じ働きをする接続助詞に「して」「つつ」がありますが、これらも同様に考えます。

接続助詞の「ば」も主語認定ツールの一つです。こちらは「て」と異なり、前後の主語が違う人になる傾向があります。「ば」のほかに「を」「に」「が」「ど」などの前後でも主語が変わる傾向が見られますが、これらは「ば」よりも確率的に低い感がありますので、本書では特に扱いません。

ただし断っておきますが、これらの法則はどんな場合も100パーセント成り立つというわけではありません。「て」でつながっているのに主語が変わったり、「ば」でつながっているのに同じ主語だったりということもたまにあります。しかし、前述した鉄則〝場面を思い浮かべながら読む〟ことができていれば、例外の「て」や「ば」が出てきてもそれに気づけるはずです。

では、この「て」「ば」の働きについて、例文で確認してみましょう。

> むかし、大和の国、葛城《かづらき》の郡《こほり》にすむ男女ありけり。この女、顔かたちいと清らなり。年ごろ思ひかはしてすむに、この女、いとAわろくなりにければ、B思ひわづらひて、Cかぎりなく思ひながら妻《め》をまうけてけり。
>
> （『大和物語』百四十九段より）

傍線部A・B・Cの主語を考えてみましょう。まずは、「男」と「女」が登場します。Aの主語は、直前に「この女」とあるので簡単にわかります。次にBの主語ですが、直前の「ば」に注目してAの主語とは異なる「男」と仮定してみます。さらに、「思ひわづらひ」のあとの「て」に注目して、Cの主語もBと同じ「男」と考えてみます。Cのあとに「妻をまうけてけり」とあり、〝かぎりなく思いつつも妻をもうけた〟という文脈が推測できるので、Cの主語が「男」で問題ありません。よってBの主語も「男」となります。

この女、いとわろくなりにければ、（男）思ひわづらひて、（男）かぎりなく思ひながら妻《め》をまうけてけり。

主語が異なる（わろくなりにければ → 思ひわづらひて）
主語が同じ（思ひわづらひて → かぎりなく思ひながら）

現代語訳 昔、大和の国の、葛城郡に住む男女がいた。この女は、顔形が大変美しい。（二人は）長年愛し合って暮らしていたが、（ある時）この女が、大変貧しくなってしまったので、（男は）思い悩んで、この上なく（女のことを）愛してはいたのだが（新しい）妻をもうけてしまった。

ちなみに、当時の結婚形態は一夫多妻で、夫が妻の家に通うという「通い婚」でした。さらに、妻の家が夫の生活の面倒をみるというのが一般的だったのですが、この知識があれば、「女（＝元の妻）」の家が貧しくなったために「男（＝夫）」が「妻（＝新しい妻）」をもうけたということが理解できます。

《敬語で見抜け！》

敬語も主語認定のための重要なツールです。特に尊敬語の有無によって、その動作主が誰なのか、ある程度見当がつけられます。

◦地《じ》の文中の尊敬語

「地の文」とは会話や歌以外の部分のことです。当たり前のことですが、地の文で尊敬語が使われていたら、その動作主は「身分の高い人」です。ただし、「て」の下の動作に尊敬語が使われていたら、「て」の上には尊敬語を使わないということがよくあります。たとえば、現代語で「お客様はタクシーにお乗りになってお帰りになった。」と言うとくどい感じがしませんか。「お客様はタクシーに乗ってお帰りになった。」のほうが自然です。これは古文でも同じことです。

また、古文には「最高敬語」と呼ばれる表現があります。代表的なものは、尊敬の助動詞「す」「さす」に尊敬の補助動詞「給ふ」が接続した「せ給ふ」「させ給ふ」、尊敬動詞の「思《おぼ》す」と「召す」が一語化した「思し召す」、尊敬動詞「のたまふ」に尊敬の助動詞「す」が接続して一語化した「のたまはす」など。尊敬表現が二つ重なっているので「二重尊敬」と呼ぶこともあります。この最高敬語は普通の尊敬語よりも尊敬の度合いが高く、最高階級の身分の人の動作に用いられます。「最高階級の身分の人」とは、基本的には天皇（帝《みかど》）、院（上皇・法皇）、皇后（中宮）、皇太子（東宮）、親王などといった皇族の方々を指します。

例文で確認してみましょう。次は『枕草子』の一節で、中宮定子が作者を含めた女房たちに、『古今和歌集』の歌の中から上の句を出題して、下の句を答えさせているという場面です。「中宮」とは天皇の第一位の妻で「皇后」と同等の位です。『枕草子』の作者・清少納言は中宮定子に女房として仕えていました。

> （その歌の下の句を）知ると申す人なきをば、やがてみな読みつづけて、夾算《けふさん》せさせたまふを、
>
> （『枕草子』二十三段より）

傍線部の主語を考えてみます。まず、「て」に注目して傍線部「読みつづけ」の主語と「夾算せさせたまふ」の主語は同じ人だろうと見当をつけます。「させたまふ」は最高敬語ですが、この場面で最高敬語が用いられる対象は中宮定子のみです。よって、「て」直前の動作主も中宮定子と考えることができます。

やがてみな読みつづけて、夾算せさせたまふを、

（読みつづけ：中宮）（夾算せ：中宮）主語が同じ　させたまふ＝最高敬語→主語は中宮

現代語訳　（その歌の下の句を）わかると申し上げる人がいない歌を、（中宮様は）そのまま（下の句まで）全部読み上げて、しおりをはさみなさるが、

◦会話文中の尊敬語

会話文中に尊敬語が使われている場合は、次の傾向が見られます。当然、会話文中でも身分の高い人の動作には尊敬語が使われますが、主語が明示されていない動作に尊敬語が使われていたら、その動作の主は「あなた」になることが多くあります。「あなた」が具体的に誰なのかは、もちろん文脈での判断が必要です。次の例文を見てください。これは『竹取物語』の前半部分で、竹取の翁《おきな》が年ごろの娘に成長したかぐや姫に結婚を勧める場面です。

> （翁の言葉に対して）かぐや姫、「何事をか$_{\text{A}}$のたまはむことは承らざらむ。変化《へんげ》の者にて侍りけむ身とも知らず、親とこそ思ひ奉れ」と言ふ。翁、「うれしくも$_{\text{B}}$のたまふものかな」と言ふ。
>
> （『竹取物語』より）

二箇所の傍線部の主語を考えてみます。傍線部A・Bともに「おっしゃる」という意味の尊敬動詞「のたまふ」で、前者は未然形、後者は連体形で用いられています。両者とも会話文中の尊敬語ですから、主語は「あなた」だろうと見当をつけます。「あなた」とは当然、会話の相手です。傍線部Aを含む会話文はかぐや姫から翁に向けてのものなので、Aの主語は翁、傍線部Bを含む会話文は翁からかぐや姫に向けてのものなので、Bの主語はかぐや姫ということになります。

かぐや姫、「何事をかのたまはむことは……」（翁に → あなた）と言ふ。翁、「うれしくものたまふものかな」（かぐや姫に → あなた）と言ふ。

現代語訳 （翁の言葉に対して）かぐや姫は、「どんなことでもおっしゃることはお聞きしないでしょうか、いえ何でもお聞きします。（自分が）異界の者でございましたという身とは知らず、（あなたのことを）親と思い申し上げております」と言う。翁は、「うれしいことをおっしゃるものだよ」と言う。

会話文中の尊敬語で主語を判断する際に注意の必要な場合があります。たとえば、客観的に見て高い身分でない人物が「あなた」の場合にも尊敬語が使われたり、最高階級の人物以外の動作に最高敬語が使われたりすることも多くあります。これは、会話文では地の文よりも丁寧な言い方になる傾向があるためです。さらに、話し手が天皇または院の場合、話し手本人の動作（つまり主語は「私」）に尊敬語が用いられることもあります。しかし、このような例外的な場合においても、きちんと場面を思い浮かべて読むようにすれば迷うことはありません。

ここまで話をしてきた「主語認定ツール」をまとめておきます。ただし、これはあくまでも目安。しつこいようですが、必ず場面を思い浮かべながらこのツールを使いこなしてください。

①「て」「で」の前後の主語は同じ人であることが多い。
②「ば」の前後の主語は違う人であることが多い。
③地の文中で尊敬語が使われていたら、その動作の主は「身分の高い人」。
④地の文中で最高敬語が使われていたら、その動作の主は「最高階級の人」。
⑤会話文中で尊敬語が使われていたら、その動作の主は「あなた」であることが多い。

❖文法はこれに注意！

話の筋をつかむことが目的の読みでは、細かい文法事項をあまり気にせずに読み進めていくのがポイントです。もちろん、文法の勉強をしなくてよいと言っているのではありません。共通テストでは文法単独の設問がなくなりましたが、それに代わる設問でも、また、解釈を問う設問でも文法の知識が必要とされる可能性があります。しかし、短時間で話の筋をつかまなければいけない時に、いちいち助動詞の意味や助詞の働きなど細々とした文法を気にしていては設問を解くための時間が少なくなってしまいます。

たとえば、助動詞「らむ」には、現在推量（今ごろは～ているだろう）、現在の原因推量（どうして～なのだろう）、現在の婉曲《えんきょく》（～ているような）、現在の伝聞（～ているという）という意味があります。全文訳をするためには、その「らむ」の意味を正確に捉える必要がありますが、話の筋をつかむというレベルにおいては、どの意味だろうとたいした違いはなく、「らむ」を無視して読んでも話の筋はつかめます。

一方、「これだけはおさえよう！」というポイントが以下のものです。

。「ず」「じ」「まじ」／「で」……打消グループの助動詞／助詞

これらが打消の意味をもつ語だと気づかずに読み進めてしまうと、話がとんでもない方向に行ってしまう可能性もあります。数学でいえば、マイナスで計算すべきところをプラスで計算してしまうようなものです。特に「ず」は、連体形の「ぬ」、已然形の「ね」にも注意が必要です。「ぬ」には完了の助動詞「ぬ」もありますし、その「ぬ」の命令形は「ね」になるので、どちらの「ぬ」「ね」なのか見極めが必要です。

。「ど」「ども」……逆接の助詞

どちらも「～が・けれども」という逆接の意味を表します。この用法がわかっていれば、「ど」「ども」のあとに続く内容が推測できます。たとえば、「思い切って彼に告白したけれども」とあったら、そのあとに続くのはアンハッピーな結末だろうと見当がつきますね。つまり、話の方向が予想できるということです。

◦受身の「る・らる」使役の「す・さす」……実際に動作をしているのは誰か

その人自身が「している」のか、誰かから「されている」のか、または誰かに「させている」のか、も話の方向に関わる重要なポイントです。ただし、「る・らる」には受身以外に可能・自発・尊敬の意味、「す・さす」には尊敬の意味もあるので注意が必要です。

あとは、人物認定に必要な場合だけ敬語に注意すればＯＫ。これら以外の文法に関しては、それほど神経質にならなくても大丈夫です。ただし、話の筋をつかむ読みにおいては、です。

❖文脈把握練習ウォーミングアップ！

ここまで話してきた文脈把握のコツとツールを使って、次の物語の大筋をつかんでみましょう。

> これも今は昔、田舎の児《ちご》の比叡《ひえ》の山へ登りたりけるが、桜のめでたく咲きたりけるに、風のはげしく吹きたりけるを見て、この児さめざめと泣きけるを見て、僧のやはら寄りて、「などかうは泣かせ給《たま》ふぞ。この花の散るを惜しうおぼえさせ給ふか。桜ははかなきものにて、かくほどなくうつろひ候《さぶら》ふなり。されどもさのみぞ候ふ」となぐさめければ、「桜の散らむは、あながちにいかがせむ、苦しからず。わがてて（＝父）の作りたる麦の花の散りて、実の入らざらむ思ふがわびしき」といひて、さくりあげて、よよと泣きければ、うたてしやな。
>
> （『宇治拾遺物語』巻一の十三より）

この物語の読み取りのポイントを、本文書き込みにて示しておきました。**太字部分**は話の方向を決める語、○・▽・――・══線部は主語認定のヒントになる「て」「ば」および敬語表現です。

これも今は昔、田舎の児の比叡の山へ登りたりけるが、**桜**のめでたく**咲き**たりけるに、

〈児が登場〉 〈桜が咲いている〉

風のはげしく**吹き**たりけるを**見**て、この児さめざめと**泣き**けるを**見**て、**僧**のやはら**寄り**て、

〈強風が吹いている↓桜の花が散っている〉 児 〈それを見て児が泣いている〉 僧 〈それを見て僧が近寄る〉

【僧の言葉】

「**など**かうは**泣かせ**給ふぞ。**この花の散る**を**惜しう****おぼえ**させ給ふ**か**。**桜ははかなきもの**にて、

〝なぜ泣くのか〟 あなた＝児 尊敬 尊敬 〝桜の花の散るのが惜しいのか〟↓〈児が泣いていた理由を推測〉 あなた＝児 尊敬 尊敬 〝（元々）桜ははかないもの

かくほどなくうつろひ候ふなり。されどもさのみぞ候ふ」**となぐさめけれ**ば、

（だから泣く必要はない）〟 〈僧が児をなぐさめる〉

【児の言葉】

「**桜の散らむ**は、あながちにいかがせむ、**苦しからず**。**わがててのつくりたる麦の花の散り**て、

〝桜はどうでもよい〟 〝（この風で）父が作っている麦の花が散って

実の入らざらむ思ふがわびしき」といひて、さくりあげて、よよと泣きければ、うたてしやな。

実が入らないのがつらい〟 ＝〈泣いていた理由↓この話のオチ〉

〈桜が咲いているところに風が吹いていて、それを見て児が泣いていた。それを見た僧は、児が桜の花が散るのを惜しいと思って泣いているのだろうと思い、児に近寄ってなぐさめの言葉をかける。しかし児が泣いていたのは、

自分の父親が作っている麦のことを心配してのことであった。〉——これがこの話の大筋です。太字部分と主語認定ツールで十分につかめますよね。実際に問題を解く際には、一回目の読みでざっと話の筋をつかんでから二回目の読みで設問の要求に応じて細かい部分の内容を考えていけばよいのです。

現代語訳 これも今となっては昔のことだが、田舎の児が比叡山《ひえいざん》に登ったところ、桜が見事に咲いているところに、風が激しく吹いていたのを見て、この児がさめざめと泣いたのを見て、僧がそっと近寄って、「どうしてこのようにお泣きになるのか。この花が散るのを惜しいと思われなさるのか。桜ははかないものであって、このようにすぐ散るものなのです。けれどもそれだけでございます」となぐさめたところ、（児は）「桜が散るようなことは、しいてどうしようか、いやどうしようもない、（だから）つらくない。（ただ、この風で）私の父が作っている麦の花が散って、実が入らないことを思うとつらいのだ」と言って、しゃくり上げて、おいおいと泣いたので、情けないことだよ。

では、ここから実際に文脈把握の練習をしていきましょう。練習課題として、短めの文章を二つ用意しました。設問は文脈把握、または全体の内容に関するもの一問のみにしてあります。問題の前に練習の手順を説明しておきましたので、その手順に従って進めてください。解答・解説はこの本冊、次ページ以降に載っています。設問解説のほかに本文の赤字書込解説も載せておきましたので参考にしてください。

別冊26ページの文脈把握練習へGO！

1 『大和《やまと》物語《ものがたり》』百五十七段

❖登場人物を四角で囲み、必要に応じて説明を加えました。

❖主語認定の手がかりとなる「て（で）」「ば」に印をつけました。

❖本文右側の四角囲みの数字は **ステップ2** 【大筋の確認】の文番号です。

❖本文右側には敬語（＝線）・助動詞（―線）・助詞（文脈を把握する上で重要なもののみに┅線）についての説明を記載しました。

❖重要語チェックで取り上げた語には本文左側に「＊」印をつけました（初出箇所のみ）。

ステップ3

[1] 下野の国に男女住みわたりけり。＊年ごろ住みけるほどに、男、妻まうけて心かはりはてて、[2] この家にありける物どもを、（男は）今の妻＊のがりかきはらひもてはこびいく。『＊心憂し』と（女は）思へど、＊なほまかせて（女は）見けり。ちりばかりの物も残さずみな（男は）もて＊いぬ。[3] ただ残りたる物は、馬槽のみなむありける。それを、この男の従者、まかぢといひける童を使ひけるして、この槽をさへ（男は）とりに＊おこせたり。[4] この童に、女のいひける、「きむぢも今はここに＊見えじかし」などいひければ、「＊などてか、＊さぶらはざらむ。ぬし（＝男）＊おはせずとも（私は）さぶらひなむ」など

いひて、立てり。[5] 女、「ぬしに消息聞こえば申してむや。」（男は）文はよに見たまはじ。ただ言葉にて申せよ」といひければ、「いとよく申してむ」と（童が）いひければ、かく（女が）いひける、

[6]「ふねもいぬまかぢも見えじ今日よりはうき世の中をいかでわたらむ

和歌修辞◇うき…「憂き」と「浮き」との掛詞／◇まかぢ（真楫）・うき（浮き）・わたる（渡る）…「ふね（船）」の縁語

と申せ」といひければ、（童が）男にいひければ、[7] 物かきふるひいにし男なむ、しかながらはこびかへして、もとのごとくあからめもせで（男は）添ひゐにける。

重要語チェック

（数字は本文の行数／◇は本文中での意味）

⧄ 年ごろ（1）名
◇長年・長い間・数年来
⧄（～の）がり（2）接尾
◇～のもとへ
⧄ 心憂し（2）形
◇つらい
⧄ なほ（3）副
◇それでもやはり
⧄ いぬ（3・9・10）動（ナ変）
◇行ってしまう・去る
⧄ おこす（5）動（サ下二）
◇よこす
⧄ 見ゆ（5・9）動（ヤ下二）
◇姿を見せる・やって来る
◦見える
◦見られる・見せる
◦妻となる

⧄ などて（か）（6）副
◇どうして（～か、いや～ない）＝反語
◦どうして（～か）＝疑問
⧄ さぶらふ（6）動（ハ四）
◇参上する・うかがう 謙（本）
◦お仕えする・伺候する 謙（本）
◦ございます・あります・おります 丁（本）
◦～です・ます・ございます 丁（補）
⧄ おはす（6）動（サ変）
◇いらっしゃる 尊（本）
◦～なさる・ていらっしゃる 尊（補）
⧄ 消息（7）名
◇手紙・便り・伝言
◦とりつぎを頼むこと
⧄ 聞こゆ（7）動（ヤ下二）
◇申し上げる 謙（本）
◦～申し上げる 謙（補）

⧄ よに（7）副
◇（下に打消表現を伴って）まったく・決して
◦実に
⧄ たまふ（7）動（ハ四）
◇～なさる 尊（補）
◦お与えになる・下さる 尊（本）
⧄ かく（8）副
◇このように
⧄ うし（9）形
◇つらい
⧄ いかで（9）副
◇どうやって（～か）＝疑問
◦どうして（～か）＝疑問
◦どうして（～か、いや～ない）＝反語
◦（下に願望表現を伴って）なんとかして

解答 ④

設問解説

▽物語の流れを「起承転結」で簡潔にまとめてみる。

起…長年連れ添った男（夫）が新しい妻をもうけた。

承…男は、家の道具類をすべて新しい妻のもとへ運び、最後に残った馬槽を取ってくるよう、従者の童に命じた。

転…馬槽を取りに来た童に、女は自分の気持ちを和歌に託して男に伝えるよう依頼する。

結…童から女の伝言を受け取った男は、その和歌に感動し、道具類を運び返して、女のもとへ戻った。

▽設問は〝なぜ男は女のもとへ戻ったのか〟を問うものである。右のまとめからもわかるように、二人の仲が元の鞘《さや》に収まるように男を仕向けたものは、女が詠んだ和歌である。

▽選択肢の中で和歌に言及したものは④・⑤であるが、⑤は「男の非情さを暗に責める」の部分が不適。女は〝何もかもなくなりこれからどうやって過ごせばよいのか〟という切ない心情を和歌に詠んで男に伝えたのである。よって④が正解。この和歌には掛詞・縁語が用いられており、「巧みな和歌」という説明も適。

現代語訳

下野の国に男と女がずっと一緒に暮らしていた。長年暮らしていた間に、男は、（別の）妻をもうけてすっかり心変わりをして、この家にあった物を、新しい妻のもとに洗いざらい運んで行く。（女は）つらいと思うが、それでも（男の）なすがままにして見ていた。（男は）ほんのわずかな物も残さずみな持って行く。ただ残っている物は、馬槽だけであった。それを、この男の従者として使っていたまかぢという童に命じて、この馬槽までも取りによこした。この童に、女が言ったことには、「おまえも今後はここに来ないのだろうね」などと言ったところ、「どうして参らないでしょうか。御主人がいらっしゃらなくてもきっとうかがいましょう」などと（童は）言って、立っている。女は、「主人に伝言を申し上げるならお伝えしてくれないか。（主人は）手紙は決してご覧にならないだろう。直接に口伝えで申し上げてくれよ」と言ったところ、「確かにきちんと申し上げましょう」と（童が）言ったので、このように（女が）言った（和歌は）、

「ふねもいぬ…＝馬槽も行ってしまう。まかぢも来ないだろう。今日からはつらい世の中をどうやって過ごせばよいのか。

と申し上げよ」と言ったので、（童が）男に言ったところ、物を洗いざらい持ち去った男は、そのまま全部運び返して、以前のようによその女に心を移すこともなく（女に）連れ添っていた。

2 『大鏡《おおかがみ》』巻二 左大臣時平《さだいじんときひら》

ステップ3

①延喜の、世間の作法したためさせたまひしかど、過差をばえしづめさせたまはざりしに、この殿、制を破りたる御装束の、ことのほかにめでたきを（御装束）して、内にまゐりたまひて、（時が）殿上に候はせたまふを、②帝、小蔀より御覧じて、御気色いとあしくならせたまひて、職事を召して、「世間の過差の制きびしき頃、左のおとど（＝時）の、一の人といひながら、美麗ことのほかにてまゐれる（こと）、便なきことなり。はやくまかり出づべき由仰せよ」と（帝が）仰せられければ、③うけたまはる職事は、『いかなることにか』と怖れ思ひけれど、（職は）まゐりて、わななくわななく、「しかじか」〈天皇の言葉の内容〉と（時に）申しければ、（時は）いみじくおどろき（て）、かしこまりうけたまはりて、御随身の御先まゐるも制したまひて、（時が）急ぎまかり出でたまへば、御前ども『あやし』と思ひけり。④さて本院の御門一月ばかり（時は）鎖させて、御簾の外にも出でたまはず（て（して））、人などのまゐるにも（時）、「勘当の重ければ〈已然形＋ば〉重いので」

とて《と言って》、（時は）会はせ《尊敬》たまは《尊敬》ざり《打消》し《過去》にこそ、世の過差はたひらぎ《（平らぐ）》たり《完了》しか《過去》。内々に《私（語り手）が〈真相を種明かし〉》よくうけたまはり《謙譲》しかば《過去》、『さてばかりぞしづまらむ《推量》』とて《と思って》、（時が）帝と御心あはせさせ《尊敬》たまへ《尊敬》り《完了》ける《過去》とぞ。

重要語チェック

（数字は本文の行数／◇は本文中での意味）

⧄ え～打消（1）副
◇～できない
⧄ めでたし（2）形
◇立派だ
⧄ 内（2）名
◇内裏・宮中
⧄ まゐる（2・4・6・9）動(ラ四)
◇参上する 謙(本)
⧄ 殿上（2）名
◇参内した貴族の控え室・殿上の間《ま》
⧄ 候ふ（2）動(ハ四)
◇お仕えする・伺候する 謙(本)
。ございます・あります・おります 丁(本)
。～です・ます・ございます 丁(補)

⧄ 御覧ず（3）動(サ変)
◇ご覧になる 尊(本)
⧄ 御気色（3）名
◇ご機嫌
。ご様子
⧄ 召す（3）動(サ四)
◇お呼びになる 尊(本)
⧄ 便なし（5）形
◇不都合だ・感心しない
。気の毒だ
⧄ まかり出づ（5・8）動(ダ下二)
◇退出する 謙(本)
⧄ 由（5）名
◇～ということ・旨

⧄ 仰す（5）動(サ下二)
◇お命じになる・おっしゃる 尊(本)
⧄ うけたまはる（5・7・10）動(ラ四)
◇お受けする・お聞きする 謙(本)
⧄ いみじ（7）形
◇程度がはなはだしい・ひどい
⧄ まゐる（7）動(ラ四)
◇（何かを）してさし上げる 謙(本)
⧄ あやし（8）形
◇「怪し」不思議だ・変だ
。「賤し」身分が低い・粗末だ

解答　②

設問解説

▽この話を読み解く上での最大のポイントは、最後の一文が真相の種明かしになっていることに気づけるかどうか。ちなみに『大鏡』は二人の老人が昔語りをするという形で描かれるので、「内々によくうけたまはり」の動作主は「私（語り手）」となる。

▽最後の一文に至る前までの話の流れを「起承転結」で簡潔にまとめてみる。

起…天皇が世間の贅沢の悪習をしずめようとしていた時に、時平が禁じられている派手な格好をして参内した。

承…腹を立てた天皇は蔵人を介して、時平に退出を命じる。

転…時平は宮中から急いで退出し、一か月間自宅謹慎をする。

結…そのうわさが世間に広まり、世間の贅沢がおさまった。

そして最後に、語り手が聞いた話として〝実は時平が「帝と御心あはせ」てやったこと〟と事の真相が語られる。ここまで読んで初めて、時平はわざと「制を破りたる御装束」を着て参内したのだということがわかるのである。

▽設問は時平の人物像を問うもの。本文には明確に述べられてはいないが、「（時平が）帝と御心あはせ」という表現から、おそらくこれは時平のアイディアだったのだろうと想像できる。そして、その策は見事に成功したのである。ここから②が最適とわかる。

現代語訳

醍醐天皇が、世間の風俗習慣を統制なさったが、（人々の）贅沢をしずめることがおできにならなかった頃に、この殿（＝時平）が、禁制を破った御装束で、格別に立派なのを身に着けて、内裏に参上なさって、殿上の間に伺候なさるのを、天皇が、小蔀からご覧になって、ご機嫌がひどく悪くおなりになって、蔵人をお呼びになって、「世間の贅沢の禁制が厳しい時に、左大臣が、第一の位の人とはいえ、格別に美麗な装束で参内したのは、不都合なことである。早く退出せよということを命ぜよ」とお命じになったところ、（命令を）お受けした蔵人は、「（今を時めく左大臣殿にこんなことをお伝えしたら）どのようなことに（なるだろうか）」と恐れ思ったが、（蔵人は時平のもとに）参上して、震えながら、「これこれこうです」と申し上げたところ、（時平は）ひどく驚き、恐縮し（天皇の命令を）お受けして、御随身がお先払い申し上げるのも制止なさって、急いで退出なさるので、御前どもは「不思議だ」と思った。そうして（時平は）本邸の御門を一か月ほど閉めさせて、御簾の外にもお出にならず、人などが参上した時にも、「（天皇の）おとがめが重いので」と言って、お会いにならなかったので、（そのうわさが世間に広まり）世間の贅沢はおさまった。（私が）内々にお聞きしたところ、「そうすれば（世間の贅沢も）しずまるだろう」と思って、（時平が）天皇とお心を合わせなさっ（て一芝居打ったのだっ）たということだ。

古文

第3章 チャレンジテスト

1

『雲隠六帖《くもがくれろくじょう》』

解答と配点

設問番号		正解	配点
問1	(ア)	②	5
	(イ)	⑤	5
	(ウ)	③	5
問 2		②	7
問 3		⑤	7
問 4		③	6
問 5		①	8
問 6		③	7
得 点		／50 点	

大筋の確認

登場人物

・源氏…この物語の主人公。最愛の妻・紫の上の死を悲しんで出家を決意し、朱雀院のもとを訪れる。

・主の院（＝朱雀院）…源氏の異母兄。出家し、山に籠り隠遁《いんとん》生活を送っている。

・大将（＝夕霧）…源氏の息子。　・中宮（＝明石の中宮）…源氏の娘。今上帝の中宮。

・冷泉院…表向きは桐壺帝の子で源氏の異母弟にあたるが、実は源氏と藤壺との不義により生まれた。

・母宮（＝藤壺）…桐壺帝の后。冷泉院の母。　・対の上（＝紫の上）…源氏の亡き妻。冷泉院の夢に現れる。

【第一段落】

1 夜明け前に、源氏は朱雀院の住まいに到着する。

2 朱雀院は久々の対面に喜びつつも、源氏のやつれた姿に同情し、出家を決意した心境を問う。

3 それに対し源氏は「夢の世に…」の歌を詠んで、夢のような現世に生きるむなしさを吐露する。

4 源氏の決意のほどを知った朱雀院は「紫の…」の歌を詠んで、さまざまな思いを抱く。

5 源氏は紫の上のために、彼女のことは口にすまいと思って涙ぐむ。

【第二段落】

6 都の源氏邸では、源氏の姿が見えないことに人々が気づき、大騒ぎになる。

7 大将や中宮は、在原業平の言葉を引き合いに出し、源氏が行き先も告げずいなくなったことを嘆く。

8 冷泉院は源氏が実の父親であることを知っており、その源氏の失踪にショックを受け起き上がることもできない。

9 冷泉院が「たらちねの…」の歌を詠み、源氏の居場所だけでも知りたいと思っていると、ある夜、夢を見る。

10 夢の中で源氏は勤行をしているのだが、そのそばに美しい女君がいる。

11 冷泉院は、その女君が紫の上だろうと思ったところで目が覚め、名残惜しい気持ちで「思ひきや…」の歌を詠む。

【第三段落】

12 世の中では源氏の失踪が物思いの種になっているが、山では源氏と朱雀院が互いに隔てなく過ごしていた。

本文解説

❖登場人物を四角で囲んだり要点をまとめたりなど、文脈をつかむためのヒントを記載しました。

❖主語認定の手がかりとなる「て（で）」「ば」に印をつけ、要所要所に省略された主語を補いました。

❖本文右側の四角囲みの数字は「大筋の確認」の文番号です。

❖本文右側には敬語・助動詞・助詞（重要なもののみ）についての説明、本文左側には全文訳を記載しました。

[1] いまだ明けざる[打消]に、（源氏は）おはしつき[尊敬]たり[完了]。[2] 主の院[=朱雀院]、おどろき給ふ[尊敬]事なのめならず[打消]。〔朱雀院の言葉〕「いかなればかく、しののめもまだ

まだ夜が明けない時分に、（朱雀院のもとに）到着なさった。主の院は、驚きなさることが並一通りでない。「どういうわけでこのように、夜明けにもまだ

しかるべき[推量]ほどに」とのたまへ[尊敬]ば、（源氏は）はるかに久しき御対面をよろこび給ふ[尊敬]事限りなし。（源氏は）いたうやせ細り給ひ[尊敬]て、昔の

間がありそうな時間に」とおっしゃると、大変久しぶりのご対面を喜びなさることがこの上ない。ひどく痩せ細りなさって、昔の

影のやうに見え給へ[尊敬]ば、（朱雀院は）あはれと見奉り[謙譲]給ひ[尊敬]て、うちしほたれ給ひ[尊敬]て、とばかりありて、〔朱雀院の言葉〕「何たる御心にて、（あなたは）すが

姿のように見えなさるので、気の毒なことと見申し上げなさって、ひとしきりお泣きになって、ややしばらくして、「どのようなお気持ちで、潔く

すがとおぼしめし[尊敬]立ち給ふ[尊敬]か[疑問]」と申し[謙譲]給へ[尊敬]ば、[3] 源氏、

（出家を）決心なさったのですか」と申し上げなさると、源氏は、

「夢の世に幻の身の生まれ来てうつつ顔にて過ぐし果てめ[意志]や[反語]

「夢のようなこの現世に幻の身として生まれ来て最後までこれが現実だという顔のまま生き続けようか、いやそのつもりはない。

かく思ひ立ちし[過去]よりは、過ぐる月日もいと長き心地ぞせし[過去]」など聞こえ[謙譲]給へ[尊敬]ば、[4] 主の院、

このように思い立ってからは、過ぎてゆく月日もたいそう長い心地がしましたよ」などと申し上げなさると、主の院は、

「紫の上おく露におどろきて初めて夢の世をや知るらん

「紫草に置いた露（がはかなく消えるように紫の上が亡くなったこと）にはっと気づいて、初めてこの世が夢のようにはかないことを悟っているのだろうか。

よろづの事につけて、ただかの人ひとりこそ、世の守りにてはおはしけれ。いかばかりなりしかば、かばかりの御心ざしならん」と、山伏の御心にも、いとほしくもゆかしうもあたらしくも、さまざまにぞおぼえ給ひける。

万事につけて、ただこの人ひとりが、世の守護としていらっしゃったのだよ。（出家を決意させるきっかけが）どれほどであったということで、これほどのご意向なのだろう」と、山伏（となった朱雀院）のお心にも、気の毒にも心ひかれるようにも惜しくも、さまざまに思われなさった。

5（源氏の心中）「いまはかけても、その上などは言ひ出ださじ。なかなかあなたのためもいとほし」とて、今も涙ぐみ給ふぞ、まことに浅からぬ御心ざしなりける。

「今は決して、そのことなどは口に出すまい。かえってあちらのためにも気の毒だ」と思って、今も涙ぐみなさるのが、本当に浅くはない（紫の上への）ご愛情であることよ。

6 さても六条院には、おはせぬよし見つけ奉りて、人々騒ぎ求め奉る事、言へばさらなり。睦月の一日なれども、かく世の親の失せ給へれば、天地もうち返すばかりにて、何のかひもなし。7（大将・中宮の心中）「悩み給うてひたすらなくなり給ふは常の習はしとはすれ、忘れ草生ふといふ事もあり。たとひまた、世を捨て給ふとも、いかなる谷の底、山の奥などと、

ところで六条院では、いらっしゃらないことに気づき申し上げて、人々が騒ぎ探し申し上げることは、言うまでもない。（陰暦）一月の一日であるのに、このように世の親（ともいうべき方）がいなくなりなさったので、天地もひっくり返るほどという状態で、何の甲斐もない。「（貴人が）病気にかかりなさってそのまま亡くなりなさるのはよくあることとは思うものの、忘れ草が生えるということもある。たとえまた、俗世を捨てなさるとしても、どこどこの谷の底、山の奥などと、

そこをあらはして籠り居給ふ事は、昔よりもあればこそ、在五が言葉にも、『夢かとぞ思ふ思ひきや』とも言ひつらめ。これはいと心やましく、忘れ難き御事にこそ」とぞ、大将も中宮も御嘆きは尽きせざりける。

その場所を明らかにして籠っていらっしゃることは、昔からもあるので、在五中将の言葉にも、『夢かとぞ思ふ思ひきや』とも言っているようだ。（それに比べて）これは非常に腹立たしく、見過ごしがたい御ことである」と、大将も中宮もお嘆きは尽きなかった。

（これ＝源氏が何も告げずに姿を消したこと）

8 冷泉院は、そのままに起きも上がり給はず。（冷泉院の心中）「昔よりの御心向け、下の心さへ浅からざりしかば、同じ宮仕へにも、心の限り尽くし給ひし事、母宮の服のうちに、かの御事は聞きしぞかし。いかにして、親王になし奉らんと思ひしを、つひにその本意も遂げずして、かく空しき様になり給へるぞ」など思ひ給ふにも、すべて片時も世にあらん心地もし給はず。

冷泉院は、そのまま起き上がりもなさらない。「昔からの（自分に対する源氏の）お心遣いや、表には出さない思いまで浅くはなかったので、同じ宮仕えにつけても、心の限りを尽くしてくださったこと（の説明がつく）、母宮の服喪中に、そのことは聞いたのだよ。なんとかして、（源氏を）親王にしてさし上げようと思ったが、ついにその本来の意志も遂げないまま、このように（遁世して）頼りない様子になってしまわれたよ」などと思いなさるにつけても、まったく片時もこの世に生きているような心地もなさらない。

（かの御事＝源氏が自分の実の父親であること）

9 （冷泉院の心中）「たらちねのおやまのすそに入る月の影も残らぬ朝ぼらけかな

「山すそに入る月の姿が見えなくなるように、（実の）父親（である源氏）が山に隠れなさってその姿も見えない夜明け方だなあ。

和歌修辞 ◇たらちねの…「親」にかかる枕詞／◇おやま…「山」と「親」を掛ける

なほいかにしてか、せめておはする所を、峰とも山とも聞きあきらめん」と、御心の暇なく思ひ明かし暮らし給ふに、

それでもやはりどうにかして、せめていらっしゃる所を、（どこどこの）峰だとも山だとも聞いてはっきりさせたい」と、お心でそればかりを明け暮れ思い続け過ごしなさっていると、

10 （冷泉院の夢の内容）ある夜の御夢に、山のみかどとおぼしき所に、うちしほたれて行ひをし給ふに、御かたはらに、言はん方なく清

ある夜の（冷泉院の）御夢に、山の（朱雀院の）御所と思われる所に、元気のないご様子で仏道修行をなさるが、おそばに、言いようもなく

らに、愛敬づきたる<u>女君</u>ありけるを、

存続　過去

美しく、愛らしい女君がいたのを、「これが、この忘れがたく思いなさる対の上なのだろうか。

（冷泉院の心中）

<u>これや、この忘れ難くし給ふ対の上ならん</u>。げにいと警策なる人かな」と思

⑪疑問　源氏が

尊敬　断定　推量

詠嘆

実に大変際だってすばらしい人であるなあ」と思

<u>ひ給ふ</u>ほどに、うちおどろき<u>給ひて</u>、名残もいと恋しくて、

尊敬　　　　　尊敬

いなさる時に、ふと目をお覚ましになって、（夢で見た源氏の）名残もたいそう恋しくて、

（冷泉院の歌）過去　反語

思ひきやこの世ながらに別れつつ夢に心を慰めんとは

推量

かつて思ったか、いや思いもしなかった。この世で生き別れになったまま、夢にその人を見て心をなぐさめるだろうとは。

⑫

<u>御ふたり</u>うち語らひ<u>給ひて</u>、世の中には物思ひの種になり<u>給へ</u>ども、<u>主の院</u>は、かかる方にても隔

尊敬　　　　　　　　　　　　　　尊敬

こうして山では、（源氏と朱雀院の）お二人が語り合いなさって、（源氏の失踪は）世間では物思いの種になりなさるが、主の院は、このような場所でも（源氏と

<u>てなくて過ぐし給ふ</u>、いとうれしき事に思ひ<u>給ひけり</u>。

尊敬　　　　　　　　　　　尊敬　過去

水入らずで過ごしなさるのを、たいそううれしいことに思いなさった。

【問5の資料文】

かくしつつまうで仕うまつりけるを、思ひのほかに、御髪おろしたまうてけり。正月に拝みたてまつらむとて、

このようにしては(親王のもとに)参上しお仕えしていたが、思いがけなく、出家なさってしまった。正月に拝謁申し上げようと思って、

小野にまうでたるに、比叡の山のふもとなれば、雪いと高し。しひて御室にまうでて拝みたてまつるに、つれづれ

小野に参上したところ、比叡の山のふもとであるので、雪がたいそう深い。それでも無理に御庵室に参上して拝謁申し上げると、所在なげに

といとものの悲しくておはしましければ、やや久しくさぶらひて、いにしへのことなど思ひいで聞こえけり。さても

たいそうもの悲しい様子でいらっしゃったので、少し長いことおそばにお仕えして、昔のことなどを思い出してお話し申し上げた。そのまま

さぶらひてしがなと思へど、おほやけごとどもありければ、えさぶらはで、夕暮れにかへるとて、

おそばにお仕えしていたいと思うが、(正月ゆえ)宮中の行事などもあったので、おそばにお仕えすることができずに、夕暮れに帰ろうとして、

(男の歌)
忘れては夢かとぞ思ふおもひきや雪ふみわけて君を見むとは

(親王様が出家なさった現実を)ふと忘れては、これは夢なのかと思います。かつて思ったでしょうか、いえ一度も思いませんでした。
雪を踏み分けて(このような場所で)あなたさまにお目にかかろうとは。

となむ泣く泣く来にける。

と詠んで泣きながら(都に)帰ってきた。

重要語チェック

（数字は本文の行数／◇は本文中での意味）

☐ おはしつく（1）動（カ四）
◇到着なさる 尊（本）
※「行き着く」の尊敬

☐ なのめならず（1）連語
◇並一通りでない

☐ かく（1・6・13・19）副
◇このように

☐ まだし（1）形
◇まだその時期ではない

☐ のたまふ（2）動（ハ四）
◇おっしゃる 尊（本）

☐ 影（3・20）名
◇姿・形
◦光

☐ 奉る（3・12・18）動（ラ四）
◇～申し上げる 謙（補）
◦さし上げる 謙（本）
◦召し上がる・お召しになる・お乗りになる 尊（本）

☐ おぼしめし立つ（4）動（タ四）
◇決心なさる 尊（本）
※「思ひ立つ」の尊敬

☐ 聞こゆ（6）動（ヤ下二）
◇申し上げる 謙（本）
◦～申し上げる 謙（補）

☐ おどろく（7・24）動（カ四）
◇はっと気づく
◇目を覚ます

☐ よろづ（8）名
◇すべて・万事

☐ おはす（8・12・21）動（サ変）
◇～なさる・ていらっしゃる 尊（補）
◇いらっしゃる 尊（本）

☐ いとほし（9・10）形
◇気の毒だ

☐ ゆかし（9）形
◇見たい・知りたい・聞きたい

☐ あたらし（9）形
◇惜しい

☐ なかなか（10）副
◇かえって

☐ よし（12）名
◇旨・～ということ
◦由緒・いわれ
◦縁故・つて
◦手段・方法

☐ 言へばさらなり（12）連語
◇言うまでもない

☐ 失す（13）動（サ下二）
◇（人が）いなくなる
◦（人が）死ぬ
◦（物が）なくなる

☐ 悩む（13）動（マ四）
◇病気で苦しむ

☐ 世を捨つ（14）連語
◇出家する
※「出家」を表す主な表現
◦頭《かしら》下ろす／御髪《みぐし》下ろす
◦世を出づ／世を離る／世を背く
◦形を変ふ／様《さま》を変ふ

☐ なほ（21）副
「猶・尚」
◇それでもやはり
◦依然として・もとのまま
◦さらに・いっそう
「直」
◦何もしないで・そのまま

☐ あきらむ（21）動（マ下二）
◇明らかにする

☐ 行ひ（22）[名]
◇仏道修行・勤行
☐ 言はん方なし（22）[連語]
◇言いようがない
☐ 清らなり（22）[形動]
◇気品があって美しい
☐ げに（23）[副]
◇なるほど・本当に・確かに
☐ かかる（26）[連体]
◇このような

【問5の資料文】

☐ かく（1）↓前ページ上段参照
☐ まうづ（1・2）[動(ダ下二)]
◇参上する 謙(本)
☐ 仕うまつる（1）[動(ラ四)]
◇お仕えする 謙(本)
○（何かを）してさし上げる 謙(本)
☐ 御髪おろす（1）[連語]
◇出家なさる
☐ たてまつる（1・2）↓前ページ上段参照

☐ おはします（3）[動(サ四)]
◇いらっしゃる 尊(本)
○～なさる・ていらっしゃる 尊(補)
☐ さぶらふ（3・4）[動(ハ四)]
◇（おそばに）お仕えする・伺候する 謙(本)
○ございます・あります・おります 丁(本)
○～です・ます・ございます 丁(補)
☐ 聞こゆ（3）↓前ページ上段参照
☐ え～打消（4）[副]
◇～できない

出典

『源氏物語』の補作として、室町時代に成立と推定される作品。作者未詳。「雲隠」「巣守《すもり》」「桜人《さくらびと》」「法《のり》の師《し》」「雲雀《ひばり》子《こ》」「八橋《やつはし》」の六巻で構成され、今回出題の「雲隠」では源氏の出家および死が、「巣守」以降では匂宮《におうのみや》、浮舟《うきふね》、薫《かおる》ら宇治十帖の主要人物のその後が描かれる。

設問解説

問1 【傍線部の意味】

(ア) **解答** ②

▽文脈把握セクションで解説した「て・ば」の法則を使って、「うちしほたれ給ひ」の主語が朱雀院だということをつかむ。ここは、久々に会った源氏の「やせ細」った姿を「あはれと見奉り給ひて」朱雀院が「うちしほたれ」ているという文脈である。①・③・④はその文脈に合わない。

「しほたる（潮垂る）」は、もとは〝海水に濡れてしずくが垂れる〟意。涙を海水にたとえて〝涙を流す〟意でも用いられる。「うち」は接頭語。「とばかり」は〝少しの間〟の意。この二点を正確に訳している②が正解。⑤の「うなだれる」は、落胆・悲しさ・恥ずかしさなどのために首を前へ垂れる動作をいうが、この文脈に最適とはいいがたい。また、「とばかりありて」の部分の訳し方にも難がある。

(イ) **解答** ⑤

▽傍線部を品詞分解してみる。

。おはせ…サ行変格活用の動詞「おはす」の未然形。上に動詞がないので、ここは尊敬の本動詞で〝いらっしゃる〟の意。

。ぬ…打消の助動詞「ず」の連体形。未然形に接続していること、下に名詞があることから判別できる。

。よし…名詞。漢字では「由」と書く。〝由緒・縁故・手段・旨（～ということ）〟などさまざまな意味をもつ。

。見つけ…カ行下二段活用の動詞「見つく」の連用形。

。奉り…ラ行四段活用の動詞「奉る」の連用形。上に動詞があるので、ここは謙譲の補助動詞で〝～申し上げる〟の意。

。て…接続助詞。


ポイントとなるのは「おはせ」「ぬ」「奉り」の三語。これらを正しく解釈した⑤が正解。①・④は「奉り」を尊敬で訳している点が不適。④は「ぬ」を完了で訳している点もまずい。②は「ぬ」を完了で訳している点、「奉り」の訳出がない点が不適。③は「おはせ」の訳、「ぬ」を完了で訳している点が不適。

(ウ) **解答** ③

▽「あきらめ」（マ下二「あきらむ」未然形）がポイント。ここでの「あきらむ」は現代語の〝諦める〟の意ではなく、〝明らかにする〟の意。漢字では「明らむ」と書く。よって〝はっきりさせる〟と訳した③が正解。

問２【傍線部の解釈】解答 ②

目のつけどころ

＊「かく」の指示内容→何を「思ひ立」ったのか？

▽選択肢を見てみると、「　」でくくられた部分の内容がそれぞれで異なっていることに気づく。ここは「かく」の解釈にあたる部分。そのあとの「思ひ立ち（思ひ立つ）」は〝決心する〟の意だが、いずれの訳も意訳の範囲なので決め手にはならない。

「かく」は〝このように〟と訳す副詞。基本的に直前の内容を指し示すので、その前の源氏の歌を指していると考える。そこで、「夢の世に…」の歌を適切に解釈しているかどうかという観点で選択肢を吟味する。

▽「夢の世」については、全選択肢が「この世は夢幻」と解釈していることから、〝夢幻のような現世〟と捉えられる。ポイントは、下の句「うつつ顔にて過ぐし果てめや」の解釈である。

○うつつ顔…「うつつ」は「現」と書き、「うつつ顔」で〝これが現実だという顔〟くらいの意味。
○過ぐし果て…タ行下二段活用「過ぐし果つ」の未然形。〝最後まで過ごす〟の意。
○めや…助動詞「む」の已然形に終助詞「や」が接続したもの。通常、終助詞「や」は終止形に接続するが、和歌中では已然形に接続することもある。「めや」で反語の意を表す。

以上の三点を踏まえて下の句を解釈すると、〝（夢幻のような現世を）現実だという顔で最後まで過ごそうか、いや過ごすことはできない〟となる。

現世を過ごすことはできないと言ってはいるが、①のように「一刻も早く紫の上に会いたい＝死にたい」という意味ではない。

（注）にあるように、朱雀院はすでに出家し、ここ（都から離れた「山」）で隠遁生活を送っている。わざわざそこに、愛する妻に先立たれた源氏が足を運ぶ目的は何か。それは朱雀院と同じように出家を考えてのことと捉えるのが最も妥当だろう。愛する妻に先立たれてしまうというつらい目に遭い、この夢幻のような世をこれが現実なのだという顔で最後まで過ごせないから仏に救いを求める、つまり出家するのである。

→出家に言及している②が正解。③・⑤は歌に詠まれた心情と合致しない。④は、決心といえる内容ではない。

問３【傍線部の内容の把握】解答 ⑤

目のつけどころ

＊誰のどのような行為（様子）に対して「まことに浅からぬ御心ざし」といっているのか？

▽「心ざし」は一般には「志」と書く。現代語では〝心に決めて目指していること〟〝人に対する厚意〟などの意味で用いられる

が、古語では〝愛情〟〝意向・心持ち〟などの意味もある。
　選択肢を見てみると、どれも「心ざし」の意味として許容範囲。ということは、どのようなことを「まことに浅からぬ御心ざし」といっているのかがポイントとなる。

▽傍線部直前に「今も涙ぐみ給ふぞ」とあり、涙ぐむという行為（様子）に「まことに浅からぬ御心ざし」が読み取れるということである。「涙ぐみ」の主語は、その前に「とて」（「と言ひて・と思ひて」がつづまったもの）があり、「て」の法則から、「いまは……いとほし」という会話文（心内文の可能性も）の主と同じ人物であることがわかる。そこで、この会話文の内容を吟味しながら、誰がどのような思いで涙ぐんでいるのかを分析する。

▽会話文の二文目「なかなかあなたのためもいとほし」に注目する。「なかなか」「いとほし」はいずれも重要単語。

なかなか
◦かえって。なまじっか。
いとほし
◦気の毒だ。かわいそうだ。
◦困る。いやだ。／かわいい。いじらしい。

　この会話文が朱雀院の言葉だとすると、「あなた」は源氏を指していて、〝かえって源氏のためにも気の毒だ〟と朱雀院が言っている（または思っている）ということになる。ここから「源氏があまりにも気の毒で」としている①が正解だと思うかもしれないが、何に対して「かえって」なのかが不明。さらに、会話文の一文目「いまはかけても、その上などは言ひ出ださじ」に注目。「じ」が打消推量の意味であれば〝（源氏は）「その上」を言い出さないだろう〟、打消意志の意味であれば〝（私＝朱雀院は）「その上」を言い出すまい〟という解釈になるが、どちらの解釈も「その上」が何を指しているのか、説明がつかない。よって①は削除。
②・③・④は、会話文の内容から外れているので不適。

▽残った⑤は、「涙ぐみ」の主語を源氏と捉えている。ここで源氏が涙ぐんでいるのは亡き妻のことを考えて、と解釈するのが妥当であろう。となると、「言ひ出ださじ」と源氏が思っているのは亡き妻のこと。そして、そう考える理由にあたるのが、「なかなかあなたのためもいとほし」の部分である。
　「あなた」は二人称だけでなく三人称の「あのかた」の意でも用いられる。つまり、〈紫の上のことを口に出すと、かえって彼女のために気の毒だから口に出すまい〉と源氏は考えているのである。紫の上への未練が彼女の成仏を妨げることになるので、彼女のために気の毒なのである。または、紫の上が源氏の出家を妨げていると思われると彼女にとっては不名誉なことになり気の毒だと解釈してもよい。いずれにせよ、亡き妻に対する愛情が深いからこそ、源氏は彼女のためを思って「その上（＝紫の上のこと）などは言ひ出ださじ」と言っているのである。正解は⑤。

問4【傍線部の語句や表現に関する説明】 解答 ③

▽一つ一つ選択肢の内容を吟味する。実質的には和歌修辞、和歌解釈の問題である。適当でないものを選ぶことに注意。

①（○）「たらちねの」が「母」や「親」にかかる枕詞であることは、中学でも習う極めて基本的な事項。漢字表記も正しい。

②（○）表の意味は「お山の」だが、「たらちねの」が「親」にかかる枕詞であることから、「おやまの」の「おや」が「親」を表していると考えて問題はない。この歌は、前後の文脈からわかるように実の親である源氏の失踪を嘆いて詠んだものである。

③（×）この解釈だと、「おやまのすそに入る」＝〝親である源氏に守られる〟となり、「入る」の主語に相当する「月」が自分自身（冷泉院）を暗示していることになる。しかしそれでは、「月の影も残らぬ」が〝自分の影（姿）も残らない〟という意味をなさない解釈になる。よって③の説明は不適。

④（○）「影」の原義は〝日・月などの光〟〝光を受けることで生じるものの形や姿〟である。②でも述べたように、この歌は源氏の失踪を嘆いて詠んだものなので、〝「月」が「おやまのすそに入」って「月の影」が残らない（見えなくなる）〟のと同じように、源氏も「おやまのすそに入」って「影（姿）」が見えない〟と解釈して問題はない。

⑤（○）「朝ぼらけ」「かな」についての説明はいずれも正しい。現代語で「かな」は疑問の意を表す場合に使うが（終助詞「か」＋終助詞「な」）、これと混同しないようにする。古語の「かな」は一語の終助詞として扱い、詠嘆の意を表す。

問5【資料文との関連性の把握】 解答 ①

> **目のつけどころ**
>
> ＊『伊勢物語』中の惟喬の親王も本文中の源氏も山に籠ったが、両者の違いは？
>
> ＊惟喬の親王と異なる源氏の籠り方について周囲の人々はどう思っているのか？

▽掲げられた『伊勢物語』の一節では、在五が、出家してしまったかつての主人・惟喬の親王のもとを訪れる場面が描かれる。ここでの大きなポイントは、親王の居場所が在五にわかっていたからこそ訪れることができたということ。本文中の二重傍線部の直前にも「世を捨て給ふとも、いかなる谷の底、山の奥などと、そこをあらはして籠り居給ふ事は、昔よりもあればこそ」とあり、その例として『伊勢物語』の主人公である在五が詠んだ和歌の一節「夢かとぞ…」が引用されている。つまり、惟喬の親王は隠棲場所を人々に知らせて出家しているのに、源氏は居所も告げずに姿を消した、そのことを、大将も中宮も「これはいと心やましく、忘れ難き御事」と言って嘆いているのである。

↓以上の内容を的確に捉えた選択肢は①。「心やまし」は〝思い通りにならず不満なさま〟を表す。

▽以下、念のため、ほかの選択肢の内容を吟味しておく。

②。**人里離れたわびしい場所に今ごろ源氏は一人籠っているのかと思うと**

→源氏の居場所がわかっているという意味になるので不適。

③。**大将と中宮が……源氏の失踪を嘆いている様子を見て**

→冷泉院が大将と中宮の様子を見ていたという記述はない。

。**冷泉院も……在五の心情になぞらえ……歌に詠んだ**

→在五は、親王が出家した現実が夢のようだという心情を詠んだが、冷泉院は源氏の夢を見たことで、その姿に心をなぐさめるとは思わなかったという心情を詠んでいる。「在五の心情になぞらえ」ているとはいえない。

④。**冷泉院は紫の上と一緒に仏道修行に励む源氏の姿を夢に見てこれが現実になればよいのにと願った**

→源氏が亡き紫の上と一緒にいるのが現実になるということは、源氏もすでに死んでいる、もしくはもうすぐ死ぬということになる。本文中に冷泉院の言葉として「せめておはする所を、峰とも山とも聞きあきらめん」とあるように、冷泉院は源氏が死んだとは思っていないし、もし死んだらあの世で紫の上と仲良く暮らしてほしいと願っているなどという記述もない。

⑤。**冷泉院は……『伊勢物語』の在五のようにどんなに雪深い山奥であろうと実の父親である源氏に会いに行きたいと思った**

→本文から、冷泉院が源氏に会いに行きたいと思っているという内容は読み取れない。また、在五の歌を自分の心情に重ね合わせたのは大将と中宮であり、冷泉院の心情に『伊勢物語』の内容は関係していない。

問6 【本文構成の把握】 解答 ③

▽実質的には本文の内容を正しく説明しているかを問う合致問題と考えてよい。以下、各選択肢の内容を吟味する。

①(×)

。**紫の上が生きていたころのエピソード**

→本文に「紫の上が生きていたころ」を描いた部分はない。

。**過去と現在、幻想と現実を交錯させた**

→現在と「交錯」つまり入り交じるほど過去については描かれていない。夢の話は出てくるが、「幻想」とは異なる。

②(×)

。**王朝物語的な世界を土台とし、そこに仏教的な世界を重ね**

→仏教に関することとしては、源氏が出家を決意したこと、冷泉院が亡き紫の上と勤行する源氏を夢に見たことくらいであり、「仏教的な世界」といえるほどの記述はない。

。**『伊勢物語』の和歌的叙情を加えることによって……重層性を増す**

→『伊勢物語』についての記述が登場する以前に、すでに源氏と朱雀院の歌のやりとりがある。『伊勢物語』のもつ和歌的叙情によって、物語の重層性が増したとはいいがたい。そもそも、在五の歌は大将および中宮の心情と重ね合わせるために取り上げられただけであり、「和歌的叙情」が表れているとまではいえない。

③（○）

◦**朱雀院と源氏とのやりとりを軸とする山の場面**

↓第一段落の内容に相当。

◦**源氏を案ずる人々の様子を軸とする都の場面**

↓第二段落の内容に相当。

◦**それら二つの場面に対比的に触れながら**

↓第三段落の内容に相当。「世の中には物思ひの種になり給へ」の部分が都で起こっていることで、それ以外の部分には山にいる朱雀院と源氏の様子が描かれている。

④（×）

◦**源氏が仏道修行に励む様子……最初と最後に配置し**

↓最初の場面では、源氏が出家の理由を朱雀院に話しているだけで、まだ仏道修行はしていない。最後にも仏道修行をしているという描写はない。

⑤（×）

◦**「主の院」での出来事／「冷泉院」での出来事**

↓「主の院」「冷泉院」は（注）にあるように、ともに人物を表す表現として用いられている。「六条院」と並んで場所を表す表現として捉えている点が不適。

◦**四つの場面を時間の流れに沿って配置した**

↓第一段落で描かれている出来事よりも第三段落で描かれている出来事のほうが時間的にあとだということは確実にいえるが、第二段落の源氏の失踪を知って人々が嘆いたという内容が、第一段落で源氏が朱雀院のもとに到着したあとだとは明確にいえない。また、冷泉院が嘆くよりも前に大将や中宮が嘆いていたと確実にいえる描写は本文にない。

読解のための 古文常識語QUIZ

【2 信仰・慣習 ほか】

❖次の語の説明として適当なものを、あとのア〜コの中から一つずつ選べ。

＊解答は103ページ

① 物怪《もののけ》　② 加持《かじ》　③ 物忌《ものいみ》　④ 方違《かたたが》へ

⑤ 後世《ごせ》　⑥ 入内《じゅだい》　⑦ 宿直《とのい》　⑧ 行幸《みゆき》・御幸《みゆき》

⑨ 局《つぼね》　⑩ 歌合《うたあわせ》

（読みは現代仮名遣いで示した）

ア　天皇や院の外出。

イ　災いに遭わないように一定期間家に籠ること。

ウ　人にとりついて病気など災いを起こす死霊・生き霊。

エ　宮中や貴族の邸宅に宿泊して勤務や警備をすること。

オ　死後に生まれ変わって住む世界。また、死後の安楽。

カ　宮中や貴族の邸宅などの、女官・女房の私室。

キ　病気や災難を取り除くために仏に祈ること。祈禱《きとう》。

ク　天皇の妻として宮中（内裏《だいり》）に入ること。

ケ　左右二組に分けた歌人に歌を一首ずつ提出させ、判者がその優劣を決めた文学的遊戯。

コ　目的地が悪い方角にあたるとき、前夜よい方角の家に泊り、そこから目的地に向かうこと。

2 『平家物語《へいけものがたり》』

解答と配点

設問番号		正解	配点
問1	(ア)	②	5
	(イ)	③	5
	(ウ)	⑤	5
問 2		⑤	6
問 3		①	7
問 4		②	7
問 5		④	7
問6	X	③	4
	Y	④	4
得 点		／50 点	

大筋の確認

登場人物

- **俊寛僧都**…平家討滅計画の首謀者として捕らえられ、鬼界が島に配流となる。
- **有王**…俊寛追捕後も、鞍馬に身を隠した俊寛妻子に仕えていた下僕。俊寛の娘の手紙を手に、鬼界が島を訪れる。
- **北の方**…俊寛の正妻。心労で体が弱り死去。
- **をさなき人**（4行目）…俊寛・北の方の子。病により死去。
- **姫御前**…俊寛・北の方の子。母亡きあと、姑《おば》御前に引き取られる。

1 有王は涙をこらえて、俊寛追捕後の様子について次のように話す。
2 俊寛妻子は鞍馬に身を隠したが、幼子は二月に天然痘で死に、北の方も心労で体が弱り翌月に亡くなった。
3 一人生き残った姫君は、今は姑御前と一緒に暮らしているのだが、その手紙を預かってきた。
4 俊寛が手紙を開けて読んでみると、有王が言った通りのことが書いてあり、最後に姫君の言葉が書いてある。
5 配流になった三人のうち二人は都に戻ったのだから、父上も有王をお供に急いで都に戻ってください。
6 この姫君の言葉に俊寛は涙を流し、次のように言う。
7 十二歳になるというのに、配流の事情を理解せず都に戻れと書いているのはいかにも幼く、将来が心配だ。
8 このように言って泣く俊寛の様子は、古歌に詠まれた「子を思う道に迷う親心」を思い起こさせる。
9 さらに俊寛は、島に流されてからのこと、死んだ幼子と最後に会った時のことを思い出す。
10 西八条へ出向こうとした時、幼子は自分も行きたいと言ったが、すぐ戻ってくるとなだめすかした。
11 あれが最後だとわかっていたら、もっとあの子の顔を見ておけばよかった。
12 今まで恥を忍び生き長らえてきたのは妻子と再会するためだったが、その妻も幼子も先立ってしまった。
13 一人残った娘のことが心配だが、なんとか生きていってくれるだろう。
14 このまま自分が生きのびておまえ〔＝有王〕に迷惑をかけることはできない。
15 このように言って俊寛は食事を断ち、有王が島に渡って二十三日目に三十七歳の生涯を閉じたのであった。

本文解説

1 有王涙にむせびうつぶして、しばしはものも申さず。ややあっておきあがり、泪をおさへて申しけるは、「君の西八条へ出でさせ給ひしかば、やがて追捕の官人参って御内の人々搦め取り、御謀反の次第を尋ねて、うしなひはて候ひぬ。

有王は涙にむせびうつ伏して、しばらくは何も申し上げない。少ししてから起き上がり、涙をこらえて申し上げたことには、「ご主人様が西八条へ出頭なさったところ、（そのあと）すぐに召し捕りの役人が参ってお屋敷内の人々を捕らえ、御謀反のいきさつを尋問して、全員を処刑してしまいました。

2 北の方はをさなき人を隠しかね参らせさせ給ひて、鞍馬の奥にしのばせ給ひて候ひしに、この童ばかりこそ、時々参って宮仕仕り候ひしか。いづれも御歎きのおろかなる事は候はざりしかども、をさなき人はあまりに恋ひ参らせさせ給ひて、参り候ふたび毎に、『有王よ、鬼界が島とかやへ、われ具して参れ』と、むつからせ給ひ候ひしが、過ぎ候ひし二月に、疱と申す事に、失せさせ給ひ候ひぬ。北の方はその御歎きと申し、これの御事と申し、一かたならぬ御思ひにしづませ給ひて、日にそへてよわらせ給ひ候ひしが、同じき三月二日、つひにはかなくな

北の方は（都では）幼い方を隠し申し上げなさることができなくて、鞍馬の奥に身を隠しなさっていましたが、私だけが、時々参上してご奉公をいたしておりました。どなたもお嘆きは並一通りのことではございませんでしたが、幼い方はあまりに（お父上を）恋い慕い申し上げなさって、（私が）参りますたびに、『有王よ、鬼界が島とやらへ、私を連れて参れ』と、ぐずりなさいましたが、去る（陰暦）二月に、疱と申す病で、お亡くなりになりました。北の方はそのお嘆きと申し、これの御事と申し、並一通りではないお悲しみに沈みなさり、日がたつにつれ弱りなさいましたが、同年の（陰暦）三月二日、ついにお亡くなりに

らせ給ひぬ。[3]いま姫御前ばかり、奈良の姑御前の御もとに、御わたり候ふ。これに御文給はつて参つて候ふ」とて、

なりました。今は姫様だけが、奈良のおば様のもとに、いらっしゃいます。ここにお手紙をいただいて参っております」と言って、

取りいだいて奉る。[4]あけて見給へば、有王が申すにたがはず書かれたり。奥には、[5]「などや三人ながされたる人の、

取り出してさし上げる。開けて（手紙を）ご覧になると、有王が申す通りに書かれている。（手紙の）最後には、「どうして三人流された人のうち、

二人は召しかへされてさぶらふに、今まで御のぼりさぶらはぬぞ。あはれ高きもいやしきも、女の身ばかり心憂かりける物はなし。男の身にてさぶらはば、わたらせ給ふ島へも、などか参らでさぶらふべき。この有王御供にて、いそぎのぼらせ給へ」とぞ書かれたる。[6]僧都この文をかほにおしあててしばしは物も宣はず。ややあつて、「これ見よ[7]有王、この子が文の書きやうのはかなさよ。おのれを供にて、いそぎのぼれと書きたる事こそうらめしけれ。心にまかせたる俊寛が身ならば、何とてかこの島にて三年の春秋をば送るべき。今年は十二になるとこそ思ふに、これ程はかなくては、人にも見え、宮仕へをもして、身をも助くべきか」とて、[8]泣かれけるにぞ、人の親の心は闇にあ

二人は召し返されておりますのに、今まで（父上の）都へのお上りはないのでしょうか。ああ身分が高くても低くても、女の身ほど情けないものはない。男の身でございましたら、いらっしゃる島へも、どうして参らないでおりましょうか。いえすぐにでも参ります。この有王をお供として、急いで都にお上りください」と書かれている。僧都はこの手紙を顔におしあててしばらくは何もおっしゃらない。少しして、「これを見よ有王、この子の手紙の書きぶりの頼りなさよ。おまえを供として、急いで都に上れと書いていることがうらめしい。思い通りになる（私）俊寛の身の上であるならば、どうしてこんな島で三年の年月を送るはずがあろうか、いや送るつもりはない。今年で十二歳になると思うが、これほど頼りなくては、人の妻となったり、宮仕えをしたりして、身を立てることができようか」と言って、お泣きになったことでも、（古歌にあるように）人の親の心は闇というほどのものでも

らねども、子を思ふ道にまよふ程も知られける。⑨〈俊寛の言葉〉「この島へながされて後は、暦もなければ、月日のかはり行くを

ないが、子を思う道には迷うものだと思い知らされるのであるよ。「この島へ流されて以後は、暦もないので、月日が移り変わっていくのも

も知らず。ただおのづから花の散り、葉の落つるを見て、春秋をわきまへ、蟬の声麦秋を送れば、夏と思ひ、雪のつ

わからない。ただ自然に花が散り、葉が落ちるのを見て、春秋の区別をし、蟬の声で麦秋を見送ると、（本格的な）夏（がやって来たのだ）と思い、雪の積もる

もるを冬と知る。白月、黒月のかはり行くをみて、三十日をわきまへ、指を折つてかぞふれば、今年は六つになる

頃を冬と知る。月の満ち欠けを見て、三十日間を判別し、指を折って数えると、今年は六歳になる

と思ひつるをさなき者も、はや先立ちけるごさんなれ。⑩西八条へ出でし時、この子が『我もゆかう』ど慕ひしを、『やがて

と思った幼い我が子も、もはや先立ってしまったということだ。西八条へ出頭した時、この子が『私も行きたい』と（私に）ついて来ようとしたのを、『すぐに

帰らうずるぞ』とこしらへおきしが、今の様におぼゆるぞや。⑪それを限りと思はましかば、今しばしもなどか見ざ

帰って来るよ』となだめすかしておいたことが、たった今のように思われるよ。それを最後だとわかっていたなら、もうしばらくでもどうして（あの子の顔を）見ておかなかったのだろうか（見ておけば

らん。親となり子となり、夫婦の縁をむすぶも、みなこの世一つに限らぬ契ぞかし。などさらばそれらがさ様に先

よかった）。親となり子となり、夫婦の縁を結ぶのも、みな現世だけに限らない（前世からの）宿縁なのだよ。どうしてそれならば彼らがそのように先

立ちけるを、今まで夢まぼろしにも知らざりけるぞ。⑫人目も恥ぢず、いかにもして、命生かうど思ひしも、これらを

立ったのを、今まで夢にも幻にも知らずにいたのか。（こんなみじめな姿になっても）人目も恥じず、なんとかして、生きのびようと思ったのも、彼らに

今一度見ばやと思ふためなり。⑬姫が事ばかりこそ心苦しけれども、それは生き身なれば、歎きながらも過ごさんずら

もう一度会いたいと思うがためである。（生き残った）姫のことだけは気がかりだが、それは生きている身だから、嘆きながらも暮らしていくだろう。

ん。14 さのみながらへて、おのれにうき目を見せんも我身ながらつれなかるべし」とて、15 おのづからの食事をとどめ、

(しかし)そうむやみに生き長らえて、おまえをつらい目にあわせるとしたらそれも我が身ながら情け知らずというものだろう」と言って、たまにしかない食事を断ち、

偏に弥陀の名号をとなへて、臨終正念をぞいのられける。有王わたつて二十三日と云ふに、その庵のうちにて、

ひたすら「南無阿弥陀仏」と念仏を唱えて、臨終正念を祈りなさった。有王が(島へ)渡ってきて二十三日という日に、その庵の中で、

遂にをはり給ひぬ。年三十七とぞ聞えし。

ついに生涯を閉じなさった。三十七歳ということだった。

※会話文中の「申す」(6・7行目)について話し手が聞き手に対しへりくだって言う場合の「(〜と)申す」を丁寧語とする説もある。

【問6の資料文】

堤の中納言の君、十三の皇子の母御息所を、内に奉りたまひけるはじめに、「帝はいかがおぼしめすらむ」など、いとかしこく思ひなげきたまひけり。さて、帝によみて奉りたまひける。

堤の中納言の君が、(醍醐天皇の)第十三皇子の母君である御息所を、帝(＝醍醐天皇)にさし上げなさった初めの頃に、「帝は(娘のことを)どのようにお思いになっているだろうか」などと、たいそうひどく心配なさった。そこで、帝に詠んでさし上げなさった(歌)。

〈兼輔の歌〉

人の親の心は闇にあらねども子を思ふ道にまどひぬるかな

子をもつ親の心は道理がわからないというほどのものでもありませんが、子どものことを思うと闇夜の道に迷うように、思い迷ってしまうものですなあ。

先帝、いとあはれにおぼしめしたりけり。御返しありけれど、人え知らず。

先帝(＝醍醐天皇)は、たいそうしみじみとお思いになっていた。お返事があったということだが、(世間の)人は知りようがない。

重要語チェック

（数字は本文の行数／◇は本文中での意味）

☐やがて（2・19）［副］
◇すぐに
。そのまま
☐候ふ・さぶらふ（3・4・5・6・7・8・10・11）［動(ハ四)］
◇〜です・ます・ございます［丁(補)］
◇ございます・あります・おります［丁(本)］
。お仕えする・伺候する［謙(本)］
☐参らす（3・5）［動(サ下二)］
◇〜申し上げる［謙(補)］
。さし上げる［謙(本)］
☐おろか(疎か)なり（4）［形動］
◇並一通りだ
☐具す（5）［動(サ変)］
◇（〜を）引き連れる・（〜が）一緒に行く
。（〜を）備える・（〜が）備わる
☐むつかる（5）［動(ラ四)］
◇幼児がだだをこねる・ぐずる
。不快に思う・不平を言う
☐失す（6）［動(サ下二)］
◇死ぬ
。（物が）なくなる・（人が）いなくなる
☐はかなくなる（7）［連語］

◇死ぬ
※形容詞「はかなし」用＋動詞「なる」
☐給はる（8）［動(ラ四)］
◇いただく［謙(本)］
☐奉る（9）［動(ラ四)］
◇さし上げる［謙(本)］
。〜申し上げる［謙(補)］
。召し上がる・お召しになる・お乗りになる［尊(本)］
☐など（9・11・20・21）［副］
◇どうして（〜か）＝疑問
◇どうして（〜か、いや〜ない）＝反語
☐心憂し（10）［形］
◇つらい・嘆かわしい
☐宣ふ（12）［動(ハ四)］
◇おっしゃる［尊(本)］
☐はかなさ（13）［名］
◇頼りなさ・幼稚さ
※形容詞「はかなし」の名詞形
☐はかなし（15）［形］
◇頼りない・あっけない
。取るに足りない・ちょっとしたことだ
。無益だ・なんにもならない

☐見ゆ（15）［動(ヤ下二)］
◇妻となる
。見える・見られる・見せる
。姿を見せる・やって来る
☐おのづから（17・24）［副］
◇自然と
◇まれに・たまたま
。万一
☐うき目（24）［名］
◇つらい目
☐つれなし（24）［形］
◇薄情だ・冷淡だ
。平然としている・さりげない
。何の変化もない

【問6の資料文】

☐奉る（1・2）→中段参照
☐おぼしめす（1・4）［動(サ四)］
◇お思いになる［尊(本)］
☐あはれなり（4）［形動］
◇しみじみとしている
☐え〜打消（4）［副］
◇〜できない

出典
鎌倉時代に成立した軍記物語。作者未詳。平清盛を中心とする平家一門の興亡を軸に中世開幕期の内乱を描く。和漢混淆《こんこう》文が巧みに用いられ、全編を仏教的無常観が貫く。琵琶《びわ》法師の語る「平《へい》曲《きょく》」によって広まった。

設問解説

問1 【傍線部の意味】

(ア) **解答** ②

▽「むつかる」は〝不快に思う〟の意だが、幼児が主語の場合は〝だだをこねる・ぐずる〟と訳す。現代でも「赤ん坊がむずかる」と使う。「むつかる」の主語は「をさなき人」なので正解は②。「せ」は尊敬の助動詞「す」の連用形。「せ給ひ」で最高敬語を表す。「候ひ」はハ行四段活用の動詞「候ふ」の連用形。ここでは丁寧の補助動詞の用法。「し」は過去の助動詞「き」の連体形。

(イ) **解答** ③

▽「見ゆ」は、もとは動詞「見る」に上代の助動詞「ゆ」が接続してできた動詞である。「ゆ」は「る」と似ていて、受身・可能・自発の働きをもつ。そこから以下の意味が生じる。

(1) 見る＋ゆ（自発）→〝見える〟（＝自然に目に入る）
(2) 見る＋ゆ（受身）→〝見られる〟

さらに(2)は、受身が使役に変わり〝見せる〟という意味にもなる（たとえば、現代語でも「恥ずかしい姿を見せてしまった」は「恥ずかしい姿を見られてしまった」と言い換えられる）。また、姿を見せるということから〝やって来る〟、当時の女性が男性にちゃんと顔を見せるのは結婚した時ということから〝結婚する・妻となる〟という意味にもなる。

ここは俊寛が、十二歳という年のわりには精神的に幼い娘の行く末を案じているという場面。傍線部の主語が娘であること、および「見ゆ」の語義から考えれば③が正解とわかる。

(ウ) **解答** ⑤

▽直前の「やがて帰らうずるぞ」が俊寛の言葉であることを捉え、それをどのような状況で言ったのかという文脈をつかむ。

その前にある「西八条へ出でし時」は、（注）にあるように、俊寛が謀反人として捕らえられ清盛邸に出頭した時を指す。そこで尋問され、処罰を言い渡されるため、いつ家に戻れるかわからない。そんなことなどは理解できない「この子（幼子）」は、俊寛が出かけるのを見て「我もゆかう（私も行きたい）」と父のあとを追おうとした。それに対して俊寛は「やがて帰らうずるぞ（すぐに帰って来るよ）」と「こしらへ」たのである。

この文脈に最も合うのは⑤。「こしらふ」は〈言葉で相手をこちらの思うようにさせる〉ということから〝なだめすかす〟〝説得する〟〝だます〟という意味で用いられる。

問2【傍線部の語句や表現に関する説明】 **解答** ⑤

▽それぞれの語句が本文中でどのような文脈で登場しているか、またはどのような意味・働きで用いられているかを吟味する。

①（×）傍線部の前に「君（＝俊寛）の西八条へ出でさせ給ひしかば」「北の方はをさなき人を隠しかね参らせさせ給ひて」とある。俊寛は「妻子とともに身を隠し」てはいない。俊寛の西八条出頭後に妻子のみ「鞍馬の奥」に身を隠したのである。

②（×）「動作の主体である北の方に対する敬意」と捉えている点が誤り。動作の主体に対する敬意を表すのは尊敬語であるが、「候ふ」に尊敬の用法はない。「候ふ」には〝貴人のおそばに控える・お仕えする〟意の謙譲の本動詞、〝ございます・あります・おります〟と訳す丁寧の本動詞、〝～です・ます・ございます〟と訳す丁寧の補助動詞の用法がある。ここは丁寧の補助動詞。会話文中の丁寧語は話し手から聞き手への敬意を表すので、「候ひ」は聞き手である俊寛への敬意を表している。

③（×）「この童」が「時々参つて宮仕仕り」の主語であることに気づけば、俊寛と北の方の間の子どもではないことがわかる。「この童」とは話し手自身である有王のこと。ここの「童」は、〝子どもの召し使い〟の意。

④（×）「参つて」が「参りて」の促音便という説明は正しい。しかし、「参つ」た場所は俊寛の妻子が身を隠す「鞍馬の奥」であって宮中ではない。「宮仕」には〝宮中に仕えること〟のほか、〝主人や目上の人に仕えて奉公すること〟の意もある。

⑤（○）直前の「宮仕」は名詞。「宮仕仕り」で〝宮仕えをいたす〟の意。謙譲語「仕る」は〝お仕えする〟と訳すことが多いが、ここは「す」の謙譲として用いられている。

問3【傍線部の内容の把握】 **解答** ①

目のつけどころ

＊「この子が文の書きやう」↓娘が手紙に書いた内容は？
＊「はかなさ」のここでの意味は？

▽「この子が文の書きやう」とあるので、娘が手紙にどのようなことを書いているのかがポイントとなる。

有王が持ってきた手紙の最後には、「などや三人……いそぎのぼらせ給へ」と娘の言葉が書かれていた。その内容をまとめる。

◦島流しになった三人のうち二人は戻ってきたのに、なぜ父上は戻らないのか。
◦男だったら父上の所に行けるのに、自分が女の身であることが情けない。
◦この有王を供として、急いで戻ってきてほしい。

さらに傍線部直後の「おのれを供にて、いそぎのぼれと書きたる事こそうらめしけれ」という俊寛の言葉に注目。また、そのあとの一文で〈自分の思い通りになるのであれば、このような場所で三年も過ごしはしない〉と言っている。つまり俊寛は、父が簡単に都に戻れるはずだと娘が思っていることに対して、「はかなさ」と言っているのである。

▽次に「はかなさ」の意味を考える。「はかなさ」は形容詞「はかなし」の語幹に接尾語「さ」がついてできた名詞。対義語の「はかばかし」も合わせて覚えておくとよい。主な意味は以下。

はかなし	はかばかし
◦頼りない。あっけない。 ◦取るに足りない。 ◦ちょっとしたことだ。	◦しっかりしていて頼もしい。 ◦はっきりしている。 ◦てきぱきしている。

前述したように、ここでは娘の考えに対して「はかなさ」と言っている。傍線部のあとに「今年は十二になるとこそ思ふに」とあることからも、〈もう十二歳になるというのにこのように考えているとは頼りない、幼すぎる〉という意味で「はかなさ」と言っているのだということがわかる。当時の女性は、十二歳から十六歳くらいまでの間に、現代の成人式にあたる裳着《もぎ》という儀式を行った。つまり、十二歳ともなれば立派な大人だということ。

▽以上の内容を的確に捉えた①が正解。②は十二歳を幼い年齢と捉えている点が不適。また、娘の手紙の内容の捉え方も誤り。③・④・⑤は「はかなさ」の語義の捉え方が誤り。父が「はかなさ」と評した娘の手紙の内容もずれている。

問4 【傍線部の解釈】 解答 ②

目のつけどころ

＊「それ」の指示内容→何が「限り＝最後」なのか？
＊「ましかば」の訳し方は？
＊「などか」の意味と、ここでの働きは？

▽ここは、俊寛が天然痘で死んだ幼子との最後の対面を回想している場面。**問1**(ウ)で捉えたように、俊寛は西八条へ出頭する際に父のあとを慕う幼子にうそをついてなだめた。その時を指して「それ」と言っている。「限り」はここでは〝最後〟の意。

▽「ましかば」は反実仮想の助動詞「まし」の未然形に接続助詞「ば」が接続したもの。反実仮想とは事実に反することを仮に想像する言い方のことで、英語の仮定法にあたると考えてよい。西八条出頭前に幼子に会った時、俊寛はもう二度とこの子に会えなくなるとは思っていなかった。つまり、〈最後だとわかっていなかった〉事実に反して仮に〈最後だとわかっていたら〉と想像しているのである。

▽「などか」は副詞「など」に係助詞「か」が接続したもので、〝どうして〟の意。ここは俊寛が自分自身のことを言っているということから反語で解釈する。よって「などか見ざらん」の直訳は〝どうして見ないだろうか、いや見るだろう〟。何を「見る」のかは、文脈から〈幼子の顔〉であることは明白。

▽以上の点を踏まえて傍線部を現代語訳すると次のようになる。
〝あれが最後だとわかっていたら、もうしばらくどうしてあの子の顔を見ないでいたのだろうか、いや見ておくべきだった〟

↓この内容になっている②が正解。


問5【傍線部の心情の把握】 **解答** ④

目のつけどころ
＊「つれなし」の意味は?
＊どのようなことを「つれなし」と言っているのか?

▽「つれなかる」は形容詞「つれなし」の連体形。「つれなし」の「つれ（連れ）」は〝一緒に行く者〟の意。その「連れ」が「無し」というところから〈周囲のものと関係がないさま〉を表し、人、自然現象の両方について用いられる。

つれなし
。薄情だ。冷淡だ。
。平然としている。 }→人の様子について用いられる。
。何の変化もない。→自然現象について用いられる。

▽選択肢を見てみると、辞書的な意味で「つれなし」を解釈した選択肢がない。そこで、何を「つれなし」と言っているのかをつかむため、傍線部を含む一文の文構造を分析してみる。

さのみながらへて（私が）、おのれ（おまえ＝有王）にうき目を見せん（こと） も 我身ながらつれなかるべし
⇦《俊寛が「つれなし」と感じている内容》

「おのれ（己）」は、ここでは一人称ではなく目下の者に対する二人称で〝おまえ〟の意であることに注意。「うき目（憂き目）」は、〝つらい目〟の意。

このまま自分が生き長らえると、有王は主人のことを気にかけ続けなければならない。自分が生き長らえたいがために有王をそのようなつらい目にあわせるのは、〈自分勝手で相手のことを考えないこと＝薄情なこと（つれなし）〉と俊寛は考えたのである。
▽この内容を捉えた選択肢は④。ほかの選択肢はいずれも「おのれにうき目を見せん」の部分が的確に捉えられていない。

問6【資料文と本文の内容把握】

X **解答** ③

▽引用文の一文目に注目。前半部分の文構造を分析してみる。

堤の中納言の君（＝「奉り」の動作主）、十三の皇子の母御息所（＝「奉り」の対象）を、内（＝「奉り」の相手）に奉り（→謙譲語〝さし上げる〟）たまひけるはじめに、

直前の会話文から「堤の中納言の君」が兼輔であること、古文常識から「内」が帝（＝天皇）であることはわかる。また敬語の知識から、ここの「奉り」は謙譲の本動詞で〝さし上げる〟の意だということもわかるはず。つまり、兼輔が「十三の皇子の母御息所」を帝にさし上げたということだが、「十三の皇子の母御息所」がわかりにくかったかもしれない。しかし、古文常識語「御息所」についての知識があれば見当はつく。

「御息所」とは、天皇の妻のうち、寵愛を受けて皇子・皇女を産んだ女御・更衣をいうことが多い（皇太子妃・親王妃をいうことも）。兼輔が天皇にさし上げるわけだから、この「御息所」は兼輔の娘だろうと見当がつく。この娘が入内後に「十三の皇子」（＝第十三皇子）を産んだので「十三の皇子の母御息所」という呼び名になっているのである。

さらに後半部分の「帝はいかがおぼしめすらむ」が兼輔の心内文であり、彼が「思ひなげ」く内容であることに注目する。前半の内容から兼輔が「思ひなげ」くのは娘のことだろうと想像がつく。つまり、入内したばかりの娘を帝がどのように思っているかが気がかりで、歌を詠んで帝に送ったということである。

この事情を正確に捉えた③が正解。ちなみに「入内」とは、天皇の妻として内裏（＝宮中）に入ることをいう。古文常識語として覚えておきたい。

Y　**解答**　④

▽実質的には、本文の内容合致問題である。そこで、選択肢を本文の内容と照らし合わせてみる。

①（×）俊寛が生きのびようと思っていたのは手紙を読むまでであり、その目的は妻子に再会するため（本文22〜23行目）。妻子と幼子の死を知らせる手紙を読んだあと、俊寛は食事を断ち、自ら命を絶っている（本文24〜26行目）。

②（×）娘の世話を有王に頼んだという記述は本文にない。俊寛は、娘のことは気がかりだが、娘は嘆きながらもなんとか生きていくだろうと言っている（本文23〜24行目）。

③（×）俊寛が娘の手紙を待ちこがれていたという記述は本文にない。また、①でも述べたように、俊寛がここまで生き長らえてきたのは妻子に再会したいと思っていたからである。

④（○）俊寛は手紙を読んで、大人の年齢になる娘の「はかなさ」を感じ、このままで結婚できるのか、宮仕えができるのか、といろいろ心配して涙を流す（本文13〜15行目）。その様子から古歌の「人の親の〜」が想起されると物語の作者は述べているのである。「自身は過酷な状況にあり」の部分も、本文の内容と合致すると考えてよい。俊寛がたまにしか食事を与えられていない（本文24行目）ことからもそれがわかる。

3 『蜻蛉日記《かげろうにっき》』『百首異見《ひゃくしゅいけん》』

解答と配点

設問番号		正解	配点
問1	(ア)	①	5
	(イ)	⑤	5
	(ウ)	②	5
問　2		③	6
問　3		③	7
問　4		⑤	7
問　5		④	7
問　6		②	4
		⑥	4
得 点		／50 点	

大筋の確認

【文章Ⅰ】

1 たまたま、夫がほかの女に送ろうとしていた手紙を見つけた。

2 自分がこの手紙に気づいたことを夫にわからせようと思って、手紙の余白に「うたがはし…」の歌を書く。

3 その後、三晩続けて夫が来ない時があったが、夫はしれっと私の気持ちを試していたなどと言う。

4 ある時、宮中に行くと言って出かける夫のあとをつけさせると、夫が行ったのは町の小路の女の所だった。

5 その二、三日後、夫がやって来たが、しゃくにさわって門を開けずにいると、夫は例の女の所へ行った。

6 翌朝、このままではすますまいと思って「嘆きつつ…」の歌を送る。

7 すると夫から「げにやげに…」の歌とともに、「急な用ができて」など言い訳をする返事が来た。

8 しかし、その後も私の目をはばかることもなく、ほかの女のもとへ通う夫が不愉快きわまりない。

【文章Ⅱ】

1 「嘆きつつ…」の歌について『拾遺集』の詞書には、作者の家を訪れて門が開くまで長いこと待たされた兼家の文句に対して作者が詠んだもの、とある。

2 兼家の文句を逆手にとって、兼家の訪問が途絶えがちなことに対する恨みを歌にしたのである。

3 『蜻蛉日記』には、門を開けないまま兼家を帰し、翌朝作者が歌を送ったと書いてあるが、それは間違いである。

4 歌では、門を開けてもらうのを待つ間の長さを引き合いに出して、独り寝をしながら夜が明けるのを待つ間がどれだけ長いかを言っている。

5 門を開けないままで終わっていたら、その引き合いが成立しない。

本文解説

【文章Ⅰ】

1 さて、九月ばかりになりて、出でにたるほどに、箱のあるを手まさぐりに開けて見れば、人のもとに遣らむとしける文あり。2 あさましさに、見てけりとだに知られむと思ひて、書きつく。

そうして、（陰暦）九月頃になって、帰っていったあとに、文箱があるのを手なぐさみに開けて（中を）見ると、よその女の所に送ろうとしていた手紙がある。あまりの驚きに、せめて（この手紙を）見てしまったよとだけでも（夫に）知られよう（＝わからせよう）と思って、（その手紙の余白に）書きつける。

（作者の歌）

うたがはしほかに渡せるふみ見ればここやとだえにならむとすらむ

疑わしいことです。よその女に送ろうとしている手紙を見ると、ここへ（あなたが訪れること）は途絶えようとしているのでしょうか。

和歌修辞 ◇はし…「（うたが）はし」と「橋」との掛詞／◇ふみ…「文」と「踏み」との掛詞／◇渡せ・ふみ（踏み）・とだえ…「橋」の縁語

など思ふほどに、3 むべなう、十月つごもりがたに、三夜しきりて見えぬ時あり。つれなうて、「しばしこころみるほどに」など、気色あり。

などと思ううちに、案の定、（陰暦）十月の末頃に、三晩続けて姿を見せない時がある。平然として、「しばらく（通わないであなたの気持ちを）試しているうちに（三日もたってしまった）」などと、言い訳がましく言う。

4 これより、夕さりつかた、「内裏にのがるまじかりけり」とて出づるに、心得で、人をつけて見すれば、「町の小路なるそこそこになむ、とまり給ひぬる」とて来たり。さればよと、いみじう心憂しと、思へども、言はむやうも知

こちらから、夕方、「宮中に外せない用事があったよ」と言って出かけるので、おかしいと思って、人にあとをつけさせて（夫の様子を）見させると、「町の小路にあるどこそこに、（兼家様の車は）停まりなさいました」と言って戻って来た。思った通りだと、とても不愉快だと、思うが、何と言ってよいかも

らであるほどに、[5]二三日ばかりありて、あかつきがたに門をたたく時あり。さなめりと思ふに、憂くて、（私が）開けさせ
わからないでいるうちに、二、三日ほどして、夜明け近い頃に（誰かが）門をたたく時がある。そうであるようだと思うが、しゃくにさわって、開けさせ

ねば、例の家とおぼしきところに（夫は）ものしたり。[6]つとめて、なほもあらじと思ひて、
ないでいると、例の（町の小路の女の）家と思われる所に行ってしまった。翌朝、このままではすますまいと思って、

〔作者の歌〕
嘆きつつひとり寝る夜のあくる間はいかに久しきものとかは知る
嘆きながら独り寝をする夜が明けるまでの間がどんなに長いものか（あなたに）わかりますか、いえわからないでしょうね。

と、例よりはひきつくろひて書きて、移ろひたる菊にさしたり。[7]返りごと、〔夫の返事〕「あくるまでもこころみむとしつれど、
と、ふだんよりは改まって書いて、色あせた菊にさし（て夫に送っ）た。（夫の）返事は、「夜が明ける（門を開けてくれる）まで様子をみようとしたが、

とみなる召使の来あひたりつればなむ。いとことわりなりつるは。
急ぎの（用を知らせる）召し使いがちょうど来たものだから（立ち去ったのだ）。（あなたが腹を立てるのも）実にもっともなことだよ。

〔夫の歌〕
げにやげに冬の夜ならぬ真木の戸もおそくあくるはわびしかりけり」
いやいや本当に、（明けるのが遅い）冬の夜でもない真木の戸も、なかなか開けてもらえないのはつらいことであったよ。」
和歌修辞 ◇あくる…「（夜が）明くる」と「（戸を）開くる」との掛詞

[8]さても、いとあやしかりつるほどに、（夫は）ことなしびたる、しばしは、忍びたるさまに、内裏になど言ひつつぞあるべきを、（私が）いとどしう心づきなく思ふことぞ、かぎりなきや。
それにしても、（そのあとは）本当に理解に苦しむくらい、平然とした様子でいて、しばらくは、（私の目を）はばかっているようにして、宮中に（用があって）などと言っておけばよいのに（人目をはばからず女のもとへ通う夫を）、いっそう不愉快に思うことは、この上もないよ。

【文章Ⅱ】

1 『拾遺集』恋四、「入道摂政まかりたりけるに、門をおそく開けければ、『立ちわづらひぬ』と言ひ入れて侍りければ、

『拾遺集』恋第四（にある道綱母の歌の詞書には）、「入道摂政がやって来ました時に、門をだいぶ（時間が）たってから開けたところ、『立っているのにくたびれた』と（外から）言い入れましたので、

詠みて出だしける」とあり。2 「今宵もやとわびながら、独りうち寝る夜な夜なの明けゆくほどは、いかばかり久しきも

詠んでさし出した（歌）」とある。「今宵も（夫はやって来ないの）かとつらく思いながら、一人で寝る毎夜毎夜の明けてゆく間は、どんなに長い

のとか知り給へる」、となり。「門開くる間をだに、しかのたまふ御心にひきあてておぼしやり給へ」と、このごろ夜がれ

ものかおわかりになっているか、いやおわかりにならないだろう」、ということである。「門を開ける間をさえ、そのように（長く感じると）おっしゃる、そのお気持ちに引き比べてご想像ください」と、最近夫の訪問が途絶え

がちなる下の恨みを、ことのついでにうち出でたるなり。3 『蜻蛉日記』に、この門たたき給へることを、つひに開け

がちである（ことへの）心中の恨みを、この機会に詠んで示したのである。『蜻蛉日記』に、この門をたたきなさっていたことを（知りながら）、とうとう開け

ずしてかへしまゐらせて、明くるあした、こなたより詠みてつかはせしやうに書けるは、ひがごとなり。4 「ひとり

ないでお帰し申し上げて、翌朝、こちらから詠んでおやりになったように書いてあるのは、間違いである。「ひとり

寝る夜のあくる間は」といひ、「いかに久しき」といへるは、門開くるあひだのおそきを、わび給ひしにくらべたる

寝る夜のあくる間は」と言い、「いかに久しき」と言ったのは、門を開けるまでの間が遅いのを、つらくお感じになったことに（自分のつらさを）比べている

なり。5 つひに開けずしてやみたらんには、何にあたりてか、「あくる間は」とも、「久しき」とも詠み出づべき。

のである。最後まで開けないままで終わったとしたらその場合には、何に対して、「あくる間は」とも、「久しき」とも詠み出すだろうか、いやそれでは理屈が通らない。

重要語チェック

（数字は本文の行数／◇は本文中での意味）

【文章Ⅰ】

☐ **あさましさ**（2）名
◇驚きあきれること
※形容詞「あさまし」の名詞形

☐ **つごもり**（4）名
◇月末

☐ **見ゆ**（4）動(ヤ下二)
◇姿を見せる・やって来る
◦見える・見られる・見せる
◦妻となる

☐ **つれなし**（4）形
◇平然としている・さりげない
◦薄情だ・冷淡だ
◦何の変化もない

☐ **さればよ**（7）連語
◇思った通りだ

☐ **いみじ**（7）形
◇程度がはなはだしい・ひどい

☐ **心憂し**（7）形
◇不愉快だ
◦つらい・情けない

☐ **あかつき**（8）名
◇夜明け前・未明

☐ **憂し**（8）形
◇気にくわない
◦つらい・情けない

☐ **ものす**（9）動(サ変)
◇行く・来る・いる・ある
◦（ある動作を）する

☐ **つとめて**（9）名
◇（前夜何かあった）その翌朝
◦早朝

☐ **なほ**（9）副
「直」
◇何もしないで・そのまま
◦平凡に
「猶・尚」
◦依然として・もとのまま
◦それでもやはり
◦さらに・いっそう

☐ **例**（11）名
◇ふだん

☐ **とみなり**（12）形動
◇急である

☐ **ことわりなり**（12）形動
◇もっともだ

☐ **げに**（13）副
◇なるほど・本当に

☐ **わびし**（13）形
◇やり切れない・つらい

☐ **あやし**（14）形
◇「怪し」不思議だ・変だ
◦「賤し」身分が低い・粗末だ

☐ **忍ぶ**（14）動(バ上二・四)
◇人目を避ける
◦我慢する

☐ **いとどし**（15）形
◇ますます激しい・いっそう

☐ **心づきなし**（15）形
◇気にくわない

【文章Ⅱ】

☐ **まかる**（1）動(ラ四)
◇参ります・来ます 謙(丁)(本)
※筆者の読み手に対するへりくだりの意を表す用法。丁寧語と見る説もある。
◦退出する 謙(本)

☐ **立ちわづらふ**（1）動(ハ四)
◇立ちくたびれる
※動詞「立つ」＋動詞「わづらふ」

☑侍り（1）動(ラ変)

◇～です・ます・ございます 丁(補)

。ございます・あります・おります 丁(本)

。お仕えする・伺候する 謙(本)

☑わぶ（2・6）動(バ上二)

◇つらく思う・思い悩む

☑しか（3）副

◇そのように

☑のたまふ（3）動(ハ四)

◇おっしゃる 尊(本)

☑おぼしやる（3）動(ラ四)

◇想像なさる 尊(本)

※「思ひやる」の尊敬

☑夜がれ（3）名

◇男性が女性のもとへ通わなくなること

☑まゐらす（5）動(サ下二)

◇～申し上げる 謙(補)

。さし上げる 謙(本)

☑つかはす（5）動(サ四)

◇おやりになる 尊(本)

☑ひがごと（5）名

◇間違い

※近世以前は「ひがこと」

※参考

。ひがおぼえ（僻覚え）＝記憶違い

。ひがめ（僻目）＝見間違い

。ひがみみ（僻耳）・ひがぎき（僻聞き）
＝聞き間違い

出典

【文章Ⅰ】

平安時代中期成立の日記。作者は藤原道綱母。二十一年にわたる夫・藤原兼家との満たされぬ結婚生活を回想的に描く。兼家には正妻・時姫《ときひめ》がおり、二人の間に道隆《みちたか》・道兼《みちかね》・道長《みちなが》の三人の息子、一条天皇の生母である娘・詮子《せんし》がいる。

【文章Ⅱ】

江戸時代後期の歌人・香川景樹による百人一首注釈書。契沖《けいちゅう》『百人一首改観抄《かいかんしょう》』、賀茂真淵《かものまぶち》『初学《ういまなび》』に対して異論を唱え、自らの解釈とその論拠を示した。

設問解説

問1 【傍線部の意味】

(ア) **解答** ①

▽「つれなう」は形容詞「つれなし」の連用形「つれなく」がウ音便化したもの。「つれなし」については、チャレンジテスト**2**の**問5**でも解説したが（本冊64ページ）、〈周囲のものと関係がないさま〉が原義。人の様子についていう場合は〝薄情だ・冷淡だ〟〝平然としている〟と訳す。

「つれなし」の語義になっている①が正解。夫・兼家は三晩も訪れなかったのだが、そのことをなんとも思っていない様子で〈あなたの気持ちを試していた〉などと言ったのである。

(イ) **解答** ⑤

▽前後の文脈を確認してみる。

> 夫が町の小路の女のもとに通っていることが発覚。
> ⇩
> 二、三日後、夜明け前に夫が訪れる。
> ⇩
> 作者はしゃくにさわって門を開けない。
> ⇩
> 夫はその女の所に行ってしまう。
> ⇩
> 「なほもあらじ」と思って「嘆きつつ…」の歌を夫に送る。

「なほ」は副詞で、ここは〝何もしないで〟の意。漢字では「直」と書くが、「猶・尚」と書く「なほ」にも〝もとのまま〟という意味があり、こちらで解釈しても意味は通じる。「じ」は、ここでは打消意志の意。つまり、〈何もしないでいるつもりはない〉と思って「嘆きつつ…」の歌を送ってやったということである。

その「嘆きつつ…」の歌は、簡潔にいえば夫の不誠実さを責める内容。夫が「例の家とおぼしきところ」に行ったことに腹を立てて夫を責める歌を送るのだから、⑤「このままではすますまい」が最適。

(ウ) **解答** ②

▽「まゐらせ」はサ行下二段活用の動詞「参らす」の連用形。上に「かへし（帰す）」という動詞があるので、ここでは謙譲の補

助動詞で〝〜申し上げる〟と訳す。「参らす」には謙譲動詞「参る」に使役の助動詞「す」が接続したパターンもあるが、〝帰し参上させる〟という訳になって文脈に合わない。また漢字表記の異なる「返す」もあるが、この文脈で〝返歌をする〟は不自然。「帰す」は「帰らせる」と言い換えが可能なので、②が正解となる。

問2【傍線部の語句や表現に関する説明】 **解答** ③

▽一つ一つ選択肢の内容を吟味していく。適当でないものを選ぶことに注意。

①（○）「うたがはし（疑はし）」の「はし」に「橋」をかけ、その縁語が「渡せ」「ふみ」「とだえ」と考えて問題はない。「ふみ」は「文」と「踏み」との掛詞である。

②（○）傍線部の前に「人のもとに遣らむとしける文」とある。

③（×）よその女に宛てた夫の手紙を見つけて、作者は「ここやとだえにならむとすらむ」と思ったのである。すなわち、〈「ここ（作者自身の家）」への夫の訪問が「とだえ」ようとしている〉と思ったということ。当時の一般的な結婚形態は通い婚だったという古文常識があれば容易に見当がつく。

④（○）係助詞「や」の結びは連体形になる。「ならむ」の「む」も連体形の可能性があるが、「ならむとす」で一続きなので、ここの「む」は「や」の結びとは考えない。「すらむ」の「らむ」が結びである。現在推量の助動詞「らむ」の連体形。

⑤（○）傍線部の前に「見てけりとだに知られむと思ひて」とある。作者が「見」たのは夫の手紙。「知られむ」の直訳は〝知られよう〟だが〝わからせよう〟と意訳も可。

問3【傍線部の内容の把握】 **解答** ③

目のつけどころ

＊「さればよ」の意味は？ その内容は？
＊「さなめり」の「さ」の指示内容は？

▽Bの「さればよ」は連語で、次の成り立ちによる。

。ラ変動詞「さり」已然形＋接続助詞「ば」＋間投助詞「よ」

ラ変動詞「さり」は、もともと副詞「さ」にラ変動詞「あり」が接続したもの。《已然形＋ば》になっているので、直訳すると〝そうであるからだよ〟となり、そこから〝思った通りだ〟という意味になる。推測していたことが的中した時に発する言葉である。同じ意味を表す「さればこそ」も覚えておこう。

①「疑念が合っていた」、②「推測が合っていた」、③「予測が当たっていた」、⑤「予感が的中した」は「さればよ」の語義がおさえられているので適。④のみ、推測といえる内容になっていないので不適。

▽次に、「さればよ」の推測内容について吟味するために、冒頭からの文脈をまとめてみる。

夫がよその女に送ろうとしていた手紙を見つける。
　推測❶〈夫に新しい妻ができたのでは？〉
⇦
「むべなう」三晩続けて、夫が訪れない。
　＝
　〝案の定〟＝推測❶的中
⇦
内裏に行くと言って、夫が作者の家を出る。
推測❷〈内裏ではなく新しい妻のもとへ行くのでは？〉
⇦
使用人に確かめさせると、「町の小路なる…」という報告。
⇦
「さればよ」
　＝
　〝思った通りだ〟＝推測❷的中

「さればよ」の推測内容が❷の内容になっている選択肢は①・③。②は推測❶の内容にあたる。「三夜しきりて見えぬ」の部分は、兼家がよその女と結婚したことを暗示している。当時は結婚すると男が女のもとに三晩続けて通うという習わしがあった。
⑤は兼家の相手が誰であるか前からわかっていたという内容になるため不適。使用人の報告を受けて初めて、兼家の相手が町の小路の女であることがわかったのである。
▽最後に、①・③を「さなめり」の内容説明について吟味する。「さなめり」は〝そうであるようだ〟の意。品詞分解は以下。

・さ…副詞。〝そう・そのように〟の意。
・な…断定の助動詞「なり」の連体形「なる」の撥《はつ》音便無表記。
・めり…推定の助動詞「めり」の終止形。

ポイントは「さ」の指示内容であるが、その前に、「あかつきがたに（誰かが）門をたたく」とある。それに気づいた作者は「さなめり」と思って、門を開けさせなかった。ということは、訪問者が夫であると作者には見当がついていたと考えられる。その内容を捉えた③が正解。

問4【傍線部の発言の裏にある意図の把握】 **解答** ⑤

目のつけどころ

＊「ことわりなり」の意味は？
＊何に対して「ことわりなり」と言っているのか？

▽形容動詞「ことわりなり」の「ことわり」は名詞としても用いられ、漢字では「理」と書く。〝すじみち・ものの道理〟〝理由・わけ〟の意。そこから「ことわりなり」は〝もっともだ・当然だ〟という意味になる。
▽では、兼家は何に対して「ことわりなり」と言っているのか。この言葉は、作者が送ってよこした「嘆きつつ…」の歌に対する返事の中で述べたもの。つまり、「嘆きつつ…」の歌で訴えてきた作者の思いに対して〈あなたがそのように思うのも当然だよ〉

と、理解を示しているのである。

　そのあとの兼家の返歌に「げにやげに」とあることもヒント。これは、副詞「げに」が二回繰り返され、間に詠嘆を表す間投助詞「や」が入ったものである。「げに」は〈他人の言動などに納得した時に発する言葉〉であり、〃なるほど・本当に〃と訳す。
▽ただ兼家は、心の底から作者の思いを理解し、それに寄り添ったわけではない。次の**問5**にも関わるのだが、本文最後の2行を読むと、兼家はその後、作者に気を遣う様子もなく、言い訳をすることもなく、堂々とよその女のもとへ通うことがわかる。つまり、兼家は「ことわりなり」とは言いつつも、その実は理解を示すふりをして穏便に事を収めようとしていたのだということがいえる。
↓以上の内容を捉えた⑤が正解。

問5【傍線部の心情の把握】 **解答** ④

目のつけどころ
＊「心づきなし」の意味は？
＊何に対して「心づきなし」と思っているのか？

▽「いとどしう」は形容詞「いとどし」の連用形「いとどしく」がウ音便化したもの。副詞「いとど」に対応する形容詞で、ここは連用形になっているので、「いとど」と同じように〃いっそう〃と訳す。つまり、「いとどしう」は単に程度が進む様子を表していて、この場における作者の気持ちのベクトルを決定づけるのは「心づきなく」の部分ということになる。
　「心づきなく」は形容詞「心づきなし」の連用形。漢字では「心付き無し」と書き、〈対象に自分の心がくっつかない↓好感が持てない〉というマイナスの感情を表し、〃気にくわない・心ひかれない〃と訳す。これまでの流れから、作者が「心づきなし」と思っている対象は夫・兼家であることは明白。

　この「心づきなし」をどう解釈しているかという観点で、選択肢を吟味してみる。

①（×）**ありがたい**↓感謝というプラスの感情なので不適。
②（×）**申し訳ない**↓自分の行為に対する反省なので不適。
③（〇）**気にくわない**
④（〇）**不愉快だ**
⑤（〇）**嘆かわしい**
（③～⑤）↓夫の行為に対するマイナスの感情なので適。

▽次に、傍線部の直前の記述から、夫のどのような行為に対して作者が「心づきなし」と思っているのか、を捉える。「ことなしびたる」の部分はわかりにくいので、そのあとの「しばしは、忍びたるさまに、内裏になど言ひつつぞあるべき」の部分に注目。
　「内裏になど言ひ」という表現から、この部分の動作主は兼家であることがわかる。「忍び」は動詞「忍ぶ」の連用形。上二段、四段の両方に活用する。語義問題でも頻出の単語である。

忍ぶ
◦人目につかないように隠す。秘密にする。
◦我慢する。

現代でも、前者の意味で「人目を忍ぶ」、後者の意味で「耐え忍ぶ」などという。今回は、〈我慢して内裏に行く〉では不自然なので、前者の意味で解釈する。つまり、〈夫・兼家が人目を避ける様子で『内裏に（行くのだよ）』などと言う〉ということ。

しかし、ここで見落としてならないのは、助動詞「べき（べし）」の存在。「べし」にはいろいろな意味があるが、ここは〝〜するのがよい〟（適当）、または〝〜して当然だ・すべきだ〟（当然・義務）で解釈するのが自然である。つまり、「忍びたるさまに、内裏になど言ひ」は、作者の考えた、この状況において兼家のとるべき行動と捉えるのが妥当。さらに、そのように作者が考えたということは、兼家が作者の考えに反して、「内裏に」という口実も設けず、おおっぴらによその女のもとへ通っているということである。それに対して作者は「心づきなし」と思ったのである。「言ひつつぞあるべきを」の「を」は逆接の接続助詞で、そのあとに実際の夫の行動を表す内容が省略されていると考えられる。

▽以上の内容を的確に捉えた④が正解。③は、対象となる夫の行為の捉え方が誤り。⑤は、「忍びたるさまに、内裏になど言ひ」を兼家の実際の行動と捉えている点が誤り。

ちなみに、先ほどわかりにくいといってとばした「ことなしびたる」であるが、「ことなしび」で一語。漢字では「事無しぶ」と書くバ行上二段活用の動詞である。漢字表記からもわかるように〝何事でもないようにふるまう・平然とする〟の意。

問6 【二つの文章についての内容合致】 **解答** ②・⑥

▽各選択肢の内容が本文のどの部分に対応するか、細部まで突き合わせながら吟味する。適当でないものを選ぶことに注意。

①（○）**【文章Ⅱ】** 冒頭のカギカッコでくくられた『拾遺集』詞書そのままの内容である。「門をおそく開けければ」ということは、だいぶ時間がたってから門を開けたということになる。『蜻蛉日記』にその記述はないが、詞書では、さんざん待たされた入道摂政（兼家）が家の中にいる作者に「立ちわづらひぬ」と言い入れた、としている。「立ちわづらふ」は「立つ」「わづらふ」の二つの動詞が合体した複合動詞だが、その成り立ちがわからなくても、文脈から〝立ちくたびれた・立っているのが嫌になった〟くらいの意味であることは見当がつくだろう。これを「しびれを切らした」と説明しても問題はない。生徒Aの意見は適。

②（×）**【文章Ⅰ】** には「（作者が）開けさせねば、（兼家は）例の家とおぼしきところにものしたり」とあるのみで、どのくらいの時間待っていたかに関する記述はないので、意見の前半部分は正しい。しかし、後半部分の「門が開くまで……手紙に書

いてはいる」の部分が誤り。兼家の手紙は「あくるまでも」からYの歌まで（【文章Ⅰ】11〜13行目）だが、「門が開くまで待っていたら夜が明けてしまった」ということは書かれていない。Yの歌に詠まれているのは、真木の戸をなかなか開けてもらえないのはやりきれないということ。よって生徒Bの意見は不適。ちなみに「真木」とは〝よい木〟の意で、スギやヒノキなどの建築材に適した木のこと。「真木の戸」でここでは「門」と同義と考えてよい。

③（○）「ひがごと」（「ひがこと」とも）は漢字では「僻事」と書き〝間違い〟の意。【文章Ⅱ】の筆者が間違いと言っているのは、「この門たたき給へることを……つかはせしやうに書ける（こと）」（【文章Ⅱ】4〜5行目）である。つまり、門を開けずにそのまま兼家を帰しておきながら、作者のほうから「嘆きつつ…」の歌を送ってやったと『蜻蛉日記』に書いてあることが間違いだというのである。さらに、「嘆きつつ…」の歌は、〈夫の訪れを待ちながら独り寝をしながら夜が明けるのを待つ間〉と〈門を開けてもらうのを待つ間〉を比べたものだ、と説明が続く。これは「嘆きつつ…」の歌の中の「あくる」が「（夜が）明くる」と「（門を）開くる」との掛詞だという前提に立った解釈である。この解釈の場合、〈門を開けてもらうのを待つ間〉が存在するためには常識的に考えて門が開くという事象の起こる必要がある。ところが『蜻蛉日記』には〈門を開けずに兼家を帰した〉とある。そこが間違いだ、と筆者は主張しているのである。よって生徒Cの意見は適。

④（○）一文目の内容は③で解説したように適。また、『拾遺集』の詞書の「門をおそく開けければ」という記述は、最終的には門が開いたということを表すものなので、生徒Dの意見は適。

⑤（○）Yの歌の「冬の夜ならぬ真木の戸もおそくあくる」を解釈すると〝冬の夜ではない真木の戸も遅く「あくる」〟となる。これは〈「冬の夜」はもともと遅く「あくる」ものだが、同じように「真木の戸」も遅く「あくる」〉という意味。この二か所の「あくる」に漢字をあてると、前者は夜が明ける意の「明くる」、後者は門を開ける意の「開くる」となる。つまり、「あくる」は掛詞だということ。よって生徒Eの意見は適。

⑥（×）【文章Ⅱ】において、Yの歌についての筆者の見解は述べられていない。筆者が考察しているのはXの歌についてである。また、「独り寝をしながら……比べて」いたのは、兼家ではなく道綱母。さらに、Yの歌で兼家は「門が開くのを待つほうがつらい」とは言っていない。よって生徒Fの意見は不適。

漢文

第1章 知識の整理

句形　これだけは！

◇再読文字

① 晏子将〔ニ〕レ至レ楚。

書 晏子《あんし》将《まさ》に楚《そ》に至《いた》らんとす。

・将→《まさニ〜(ソント)す》と読む再読文字。

② 人須〔ラク〕レ重二礼儀一。

書 人《ひと》須《すべか》らく礼儀《れいぎ》を重《おも》んずべし。

・須→《すべかラク〜ベシ》と読む再読文字。

③ 過則宜〔シク〕レ改レ之。

書 過《あやま》ちては則《すなは》ち宜《よろ》しく之《これ》を改《あらた》むべし。

・宜→《よろシク〜ベシ》と読む再読文字。

④ 未〔ダ〕レ聞二好レ学者一也。

書 未《いま》だ学《がく》を好《この》む者《もの》を聞《き》かざるなり。

・未→《いまダ〜ず》と読む再読文字。

⑤ 天下事非二若所一レ当〔ニ〕レ言也。

書 天下《てんか》の事《こと》は若《なんぢ》の当《まさ》に言《い》ふべき所《ところ》に非《あら》ざるなり。

・当→《まさニ〜ベシ》と読む再読文字。

・若→《なんぢ》と読み〝おまえ〟の意。

⑥ 君自二故郷一来、応〔ニ〕レ知二故郷事一。

書 君《きみ》故郷《こきやう》より来《き》たる、応《まさ》に故郷《こきやう》の事《こと》を知《し》るべし。

・応→《まさニ〜ベシ》と読む再読文字。

・自→返読して《より》と読み〝from〟の意。

【その他の再読文字】

◆且→読み・意味ともに「将」に同じ。

◆猶・由→《なホ〜(ガ・ノ)ごとシ》と読み〝ちょうど〜のようなものだ〟の意。

◆盍→《なんゾ〜ざル》と読み〝どうして〜しないのか〟の意。

◇否定

① 君子無〔シ〕二終食之間違一レ仁。

書 君子《くんし》は終食《しゆうしよく》の間《かん》も仁《じん》に違《たが》ふ無《な》し。

・無→「莫・毋・勿」も同じ意味・用法をもつ。「毋・勿」は、禁止の意で《なカレ》と読むことが多い。

・君子→〝人格の立派な人〟の意。

② 己所レ不レ欲勿〔カレ〕レ施二於人一。

書 己《おのれ》の欲《ほつ》せざる所人《ところひと》に施《ほどこ》す勿《な》かれ。

・於→ここは置き字の働きなので訓読しない。訓読する場合もあり、その際は《〜ニおいテ》と返読する。

③ 此天之亡レ我、非〔ザル〕二戦之罪一也。

書 此《こ》れ天《てん》の我《われ》を亡《ほろ》ぼすにして、戦《たたか》ひの罪《つみ》に非《あら》ざるなり。

④ 家貧而不ニ常〔ニハ〕得レ油。

書 家貧《いへひん》にして常《つね》には油《あぶら》を得《え》ず。

○部分否定の文なので、副詞「常」の送り仮名は「ニハ」。

○而→接続の働きをする置き字。《しかシテ・しかルニ・しかモ》などと訓読する場合もある。

重要ポイント

☆全部否定と部分否定は、副詞と否定語の位置関係で判断。

｛副詞＋否定語 → 全部否定
　否定語＋副詞 → 部分否定／〝〜とは限らない〟の意

☆部分否定は副詞の送り仮名に注意。

例【全部否定】常に　【部分否定】常には
【全部否定】必ず　【部分否定】必ずしも
【全部否定】倶《とも》に　【部分否定】倶には

※「復《ま》た」はどちらも送り仮名は「た」。

⑤ 一寸光陰不レ可〔カラ〕レ軽。

書 一寸《いつすん》の光陰《くわういん》軽《かろ》んずべからず。

○不可→《べカラず》と読む。〝〜できない（不可能）〟〝〜してはならない（禁止）〟の二つの意味がある。文脈で判断。

⑥ 眸子不レ能〔ハ〕レ掩ニ其悪一。

書 眸子《ばうし》は其《そ》の悪《あく》を掩《おほ》ふ能《あた》はず。

○不能→《あたハず》と読む。〝〜できない〟の意。「能」が単独で用いられる場合は《よク》と読み〝〜できる〟の意。

◇疑問・反語

① 為レ人謀而不レ忠乎。

書 人《ひと》の為《ため》に謀《はか》りて忠《ちゆう》ならざるか。

○乎→《か・や》と読む疑問・反語を表す助詞。同じ働きをするものとして「耶・邪・也・哉・与」など。

重要ポイント

☆文末が「〜ン（や）」の形になっていたら反語で訳す。

｛真ニ無キレ馬耶《か》。→疑問　訳 本当に名馬がいないのか。
　真ニ無カランレ馬耶《や》。→反語　訳 本当に名馬がいないのか、いやいないはずはない。

※たまに例外もあるので、前後の文脈も確認すること。

② 安〔クンゾ〕用〔ヒン〕レ重レ法邪。

書 安《いづ》くんぞ法《はふ》を重《おも》くすることを用《もち》ひんや。

○安→《いづクンゾ》と読み〝どうして〟の意を表す。送り仮名は「ンゾ」も可。同じ読みをするものとして「焉・悪・寧」など。《いづクニ（カ）》と読むと〝どこに〟の意。

○反語文なので、文末を「〜ンや」の形にする。「ン」は未然形に接続する助動詞。「邪」は反語文では《や》と読む。

③ 君 与レ 父 孰〔レカ〕 重。

書 君《きみ》と父《ちち》と孰《いづ》れか重《おも》き。

。孰→《いづレカ》と読み〝どちらが〟の意を表す。《いづレヲカ》と読むと〝どちらを〟の意、《たれカ》と読むと〝誰が〟の意、《たれヲカ》と読むと〝誰を〟の意を表す。

。与→返読して《〜と》と読み、ここは〝or〟の働き。

④ 豈〔ニ〕 望〔マン〕レ 報 乎。

書 豈《あ》に報《ほう》を望《のぞ》まんや。

。豈→《あニ》と読む疑問詞。反語文なので、文末を「〜ンや」の形にする。「乎」は反語文では《や》と読む。

⑤ 為レ 之 如 何〔セン〕。

書 之《これ》を為《な》すこと如何《いかん》せん。

。如何→《いかんセン》と読み〝どうしようか〟の意を表す。「若何・奈何」も同じ。疑問・反語両方で用いられ、反語の場合は〝(どうしようか、いや)どうしようもない〟と訳す。《いかんゾ》と読む場合は〝どうして〟の意。同じく《いかん》と読み、〝どうであるか〟と訳す「何如」にも注意。

【その他の疑問詞】

◆何→〝どうして〟の意の《なんゾ》が頻出。ほかに〝どこに〟の意の《いづクニ(カ)》、〝どの〟の意の《いづレノ》、〝何を〟の意の《なにヲ(カ)》など複数の読みがある。

◆誰→《たれカ》と読んで〝誰が〟の意、《たれヲカ》と読んで〝誰を〟の意を表す。

◆何為→《なんすレゾ》と読んで〝どうして〟の意。

◆何以→《なにヲもつテ(カ)》と読んで〝どうして〟〝どのようにして〟の意。

◆独→《ひとリ》と読む。文末が「〜ン(や)」の形になっていたら反語の意で〝どうして〜か、いや〜ない〟と訳す。《ひとリ〜ノミ》の形になっている場合は限定の句形。

◇**使役・受身・比較**

① 使〔ム〕ニ 子 路〔ヲシテ〕 問レ 之。

書 子路《しろ》をして之《これ》を問《と》はしむ。

。使→《〜しム》と返読し、使役〝〜させる〟の意を表す。使役の対象には送り仮名「ヲシテ」がつく。「使」の代わりに「令」もよく用いられる。

② 恐下 見レ 疑ニ 平 生 過 失一 及上 誅。

書 平生《へいぜい》の過失《くわしつ》を疑《うたが》はれ誅《ちゆう》に及《およ》ばんことを恐《おそ》る。

。見→《〜る・らル》と返読し、受身〝〜される〟の意を表す。「被・為・所」も同じ読みをもつ。受身の助動詞「る」は四段・ナ変・ラ変の未然形、「らる」はそれら以外の未然形に接続。

③ 章 後 為〔ル〕ニ 王 莽〔ノ〕一 所レ 殺。

書 章後《しやうのち》に王莽《わうまう》の殺《ころ》す所《ところ》と為《な》る。

・為…所～→《…ノ～ところトなル》と読む受身の句形。直訳は〝章は後に王莽が殺す対象（相手）となる〟。

④ 労レ力者治〔メラル〕二於人一。

書 力《ちから》を労《らう》する者《もの》は人《ひと》に治《をさ》めらる。

・於→置き字。英語の前置詞〝by〟の働きをし、受身の文を作る。それに伴い、動作を表す語には送り仮名「ル・ラル」をつける。「治む」はマ行下二段活用なので「ラル」がつく。

⑤ 氷水為レ之、而寒二於水〔ヨリ（モ）〕一。

書 氷《こほり》は水之《みづこれ》を為《つく》りて、水《みづ》より（も）寒《つめた》し。

・於→置き字。ここでは英語の前置詞〝than〟の働き。比較の対象にあたる語には送り仮名「ヨリ・ヨリモ」をつける。

重要ポイント

☆置き字「於・乎・于」は英語の前置詞的な働きをする。

・千里之行《モ》、始《マル》二於足下《ヨリ》一。→〝from〟の働き

訳 千里離れた所への旅立ちも、足元の第一歩**から**始まる。

・霜葉《ハ》紅《ナリ》二於二月《ノ》花《ヨリモ》一。→〝than〟の働き

訳 霜に色づいた楓の葉は、春二月の花**よりも**赤く美しい。

・窮《スル》者《ハ》常《ニ》制《セラル》二於人《ニ》一。→〝by〟の働き

訳 行き詰まっている者は常に人**に**制圧さ**れる**。

※ほかに〝in/on/to〟などに相当する働きもある。

⑥ 地利不レ如〔カ〕二人和一。

書 地《ち》の利《り》は人《ひと》の和《わ》に如《し》かず。

・不如→《（～ニ）しカず》と読み〝～に及ばない・～のほうがよい〟の意。「不若」も同じ。

・「不」の代わりに「莫」が用いられた「莫如」は、《（～ニ）しクハなシ》と読んで〝～に及ぶものはない・～が一番だ〟の意になる。「莫」は「無」に同じ。

◇**抑揚・仮定・詠嘆・限定**

① 死馬且〔ツ〕買レ之、況〔ンヤ〕生者乎。

書 死馬《しば》すら且《か》つ之《これ》を買《か》ふ、況《いは》んや生《い》ける者《もの》をや。

・A且B、況C乎→《Aスラかツ B、いはンヤCヲや》と読む抑揚の句形。〝AでさえBする、ましてCはなおさらだ〟と訳す。「且」の代わりに「尚・猶（なホ）」も用いられる。

② 雖〔モ〕レ有二知恵一、不レ如〔カ〕レ乗レ勢。

書 知《ち》恵《ゑ》有《あ》りと雖《いへど》も、勢《いきほ》ひに乗《じよう》ずるに如《し》かず。

・雖→《（～ト）いへどモ》と返読し、〝たとえ～としても〟（逆接仮定条件）、〝～ではあるが〟（逆接確定条件）の二つの訳し方がある。文脈で判断。

③ 豈〔ニ〕不二誠大丈夫一哉。

書 豈《あ》に誠《まこと》の大丈夫《だいぢやうふ》ならずや。

◦豈不～哉→《あニ～ずや》と読む詠嘆（感動）の句形。〝なんと～ではないか〟と訳す。「不」の代わりに「非」も用いられる。「豈」は反語の句形でも頻出。

④ 直〔タ〕不ニ百 歩一耳。

書 直《た》だ百歩《ひやつぽ》ならざるのみ。

◦直→《ただ》と読む。同じ読みをするものに「唯・惟・特・徒・只・但」など。

◦耳→《のみ》と読む。同じ読みをするものに「已・爾・而已・而已矣」など。

〖その他の重要句形〗

◆如・若～→《もシ（～バ）》と読む仮定の句形。

◆縦→《たとヒ（～トモ）》と読む仮定の句形。〝たとえ（～としても）〟の意。

◆苟→《いやしクモ（～バ）》と読む仮定の句形。〝もし・仮にも（～ならば）〟の意。

◆不亦～乎→《まタ～ずや》と読む詠嘆の句形。〝なんと～ではないか〟の意。

◆独→《ひとリ（～のみ）》と読む限定の句形。〝ただ（～だけ）〟の意。文末が「～ン（や）」の場合は反語の句形。

重要語 ―多訓多義の語― これだけは！

◇与

① **と** 返読文字

訳 富裕と高い身分とは、誰もが望むものである。

◦「A与レB（AとBと）」の場合は、前後の名詞を並列させる〝and/or〟の意。「与レA（Aと）」の場合は〝with〟の意。

② **よりは** 返読文字

訳 礼に関しては贅沢《ぜいたく》にするよりはむしろ質素にせよ。

◦送り仮名「リ」または「リハ」を伴い〝than〟の意。

◦也→ここは置き字の働き。

③ **ともに**

訳 仁徳のない者と一緒に語り合うことができようか、いやできるはずがない。

◦送り仮名「ニ」を伴い〝一緒に〟の意。

④ **あずか**

訳 いったい誰がこのようなことに関わることができようか、いやできるはずがない。

◦「関与」の「与」。現代でも「おほめにあずかって」などと使う。

⑤ **くみ**

訳 天の道理は公平で特定の人に親しむことはない、常に善人の味方をする。

。現代でも「少数意見にくみする」などと使う。
※ほかに、〝与える〟の意で《あたフ》、文末に用いられ疑問・反語を表す《か・や》という読みもある。

◇如・若

① ごとし 返読文字
訳 太い弦はザーという音がしてにわか雨のようだ。
。直前に送り仮名「ノ・ガ」を伴い〝〜のようだ〟と訳す。

② しか 返読文字
訳 有益なことを一つ始めるよりは有害なものを一つ取り除くほうがよい。
。直前に送り仮名「ニ」を伴う。基本的に否定語とともに用いられ、〝〜に及ばない・〜のほうがよい〟の意。比較の句形。

③ もし
訳 もしそれが人としての正しい道ではないとわかったならば、すぐにやめることだ。
。あとに「〜バ」が続き〝もし〜ならば〟の意。仮定の句形。

④ なんじ
訳 おまえは私の旧友ではないか。
。〝おまえ〟の意。「汝・爾」も同じ。
※「如」は④の読み方はしない。

◇已

① すでに
訳 漢軍はもはや楚の地を征服してしまったのか。
。〝すでに・もはや〟の意の副詞。送り仮名「ニ」を伴う。

② やむ
訳 学問は(途中で)やめてはならない。
。〝終わる・やめる〟の意を表す動詞。

③ のみ
訳 (仮にも不変の道義心がなかったら)勝手気ままな悪い行いを、何でもしてしまうのである。
。助詞として《のみ》と読み、〝〜だけ〟の意や強い断定を表す。同じ読みをするものに「耳・爾・而已・而已矣」など。

◇自

① より 返読文字
訳 友だちが遠くからやって来てくれる。
。返読して〝from〟の意になる。「従」も同じ用法をもつ。

② みずから
訳 酒壺と杯を引き寄せて、自分で酒をついだ。

③ おのずから
訳 何回も書物を読めば、意味は自然とわかってくる。
※②・③の送り仮名は両者とも「ラ」。どちらの読み・意味かは文脈で判断する。

重要語　―読みが頻出のもの―　これだけは！

① **いわゆる**　（意味）世に言うところの
② **ゆえん**　（意味）理由・～するためのもの
③ **ここをもって**　（意味）こういうわけで・だから
④ **これをもって**　（意味）これによって・このため
※③と④では「是」の読み方が異なることに注意。
⑤ **ここにおいて**　（意味）そこで
。「於」は置き字として用いられることが多いが、「於」に返り点がついていたら「～ニおいテ」と返読することに注意。
⑥ **かくのごとし**　（意味）このようである
。「如」は「若」、「是」は「此・斯」も用いられる。
⑦ **おもえらく**　（意味）思うことには
。通常、思った内容は「以為」のあとにおかれる。
⑧ **いくばく**　（意味）どれほど
⑨ **しばしば**　（意味）しばしば・何度も
⑩ **たまたま**　（意味）たまたま・思いがけなく
。「偶」も同じ読みをもつ。
※⑨・⑩は同じ音を重ねた読み方をする語。「〻」は繰り返しを表す記号だが、この記号がついていなくても読みは同じ。
⑪ **すなわち**　（意味）そこで
。意味は多少異なるが、「則・即・輒」も同じ読みをもつ。
⑫ **たちまち**　（意味）たちまち・急に
⑬ **ついに**　（意味）ついに・とうとう
。「終・卒・竟」も同じ読みをもつ。
⑭ **ひそかに**　（意味）ひそかに・こっそりと
。「密・私・窃」も同じ読みをもつ。
⑮ **ことごとく**　（意味）ことごとく・残らずすべて
⑯ **つぶさに**　（意味）詳しく
⑰ **もとより**　（意味）もともと・はじめから
。「固」も同じ読みをもつ。
⑱ **よりて**　（意味）そのために・そこで
⑲ **けだし**　（意味）思うに・おそらく
。「盍」と同じ「なんゾ～ざル」と読む再読文字としての用法もある。
⑳ **こたう**　（意味）答える
㉑ **すくなし**　（意味）少ない
㉒ **わかし**　（意味）若い

重要語　―意味が頻出のもの―　これだけは！

① **寡人**
。〝徳の少ない人〟の意で、諸侯などが謙遜して用いる。
② **臣**

。相手から見た自分の立場を一人称として用いたもの。

③ **子**

。会話文中で用いられる。男性の尊称として〝先生〟の意で用いられることも多い。「夫子（ふうし）」も〝先生〟の意。

④ **左右**

⑤ **君子**

⑥ **百姓**

⑦ **人間**

⑧ **故人**

⑨ **遠慮**

※⑥～⑨は日本語で通常用いられる意味と異なることに注意。また、⑥・⑦は読みにも注意が必要。

⑩ **是非**

。ふだんよく使う「是非」は「是が非でも」の転。

漢詩　これだけは！

◇詩の形式

① **五言絶句**

② **五言律詩**

③ **七言絶句**

④ **七言律詩**

。句数や一句の文字数、押韻、対句などの決まりごとは、唐代に成立した近体《きんたい》詩に関係するもの。近体詩以前の詩は総称して「古体《こたい》詩」といい、「五言古詩」「七言古詩」とよぶ。

◇押韻

① **二・四**

② **一・二・四・六・八**

。漢字の音の、初めの子音を除いた残りの音（母音や母音に準ずる部分）を「韻」という。本来は中国語の発音によって押韻を捉えるべきだが、受験漢文レベルでは漢字の音読みで十分に対応が可能。

重要ポイント

☆押韻の問題は空欄補充の形で出題されることが多い。次の手順で解くのがオススメ。

(1) 押韻の漢字に印をつける。
(2) 印をつけた漢字の音読みから共通の韻を確認する。
(3) 選択肢から、同じ韻の漢字を選ぶ。
(4) 複数残る場合は、文脈がつながるものを最終的に選ぶ。

◇対句

① **三**　② **四**　③ **五**　④ **六**

実戦問題

1 **解答** ③ 〈センター追試験－1990〉

▽Ⅰの漢詩は七言絶句なので、押韻箇所は第一・二・四句末。

　裹レ塩　迎得小狸㊒奴 do
　尽護山房万巻　[a] ?o
　慚愧家貧策レ勲薄
　寒無二氈坐一食無レ魚 gyo

　第一句末は《ド》、第四句末は《ギョ》という音なので、《オ》という音で韻が踏まれていることがわかる。つまり、[a]には音読みが《オ》という母音で終わる漢字が入ると考えられる。

①・②「著」＝《チョ》…(○)
③・④「書」＝《ショ》…(○)
⑤・⑥「詩」＝《シ》……(×)

▽Ⅱの漢詩は五言古詩なので、押韻箇所は偶数句末（第二・四・六・八・十・十二句末）である。空欄になっている第四句末以外の音読みを確認すると、「皮《ヒ》」「機《キ》」「非《ヒ》」「帰《キ》」「児《ジ》」で共通韻は《イ》なので、[b]には《イ》という母音で終わる漢字が入ると考えられる。

①・④「行」＝《コウ》…(×)
②「走」＝《ソウ》…(×)
③「之」＝《シ》……(○) →正解

※「之」の音読み《シ》を知らなくても、消去法で答えは出る。
　漢詩中での「之」の読みは《ゆく》で〝行く〟の意。

【Ⅰ】

書き下し文

塩《しほ》を裹《つつ》みて迎《むか》へ得《え》たり小狸奴《せうりど》／尽《ことごと》く護《まも》る山房万巻《さんばうばんくわん》の書《しよ》／慚愧《ざんき》す家貧《いへひん》にして勲《いさを》を策《さく》すること薄《うす》く／寒《かん》に氈《せん》の坐《ざ》する無《な》く食《しよく》に魚《うを》無《な》きを

現代語訳

先方に塩を包み送り、それと引き換えに子猫をもらった。／子猫は書斎に詰まった書物を、鼠の害から完全に守ってくれる。／だが、わが家は貧乏で子猫の手柄に報いることができず、恥ずかしい限りだ。／この寒さに子猫を座らせてやる毛氈もないし、食べさせてやる魚もないのだ。

【Ⅱ】

書き下し文

家《いへ》に猫《ねこ》と鼠《ねずみ》と有《あ》り／総《すべ》て是《こ》れ一蒙皮《いちもうひ》／猫《ねこ》は飽《あ》きて白昼《はくちう》に眠《ねむ》り／鼠《ねずみ》は飢《う》ゑて玄夜《げんや》に之《ゆ》く／猫児《べうじ》何《なん》の能《のう》か有《あ》る／生《せい》を覗《うかが》ひて屢《しばしば》機《き》に中《あた》る／鼠子《そし》何《なん》の失《しつ》か有《あ》る／器《き》を穿《うが》つは也太《またはなは》だ非《ひ》なり／器《き》を穿《うが》つも補《おぎな》ふべし／逝《ゆ》きし者《もの》は復《ま》た帰《かへ》らず／若《も》し罪《つみ》の軽重《けいちよう》を問《と》はば／秤《はかり》は猫児《べうじ》に傾《かたむ》くべし

現代語訳

わが家には猫と鼠がいて、／どちらも毛におおわれた動物である。／猫は満腹して真っ昼間から眠り、／鼠は腹をすかせて真っ暗な夜に動き回る。／猫にどんな取り柄があるかというと、／生き物（＝鼠）の命をねらって何度もチャンスをものにする。／鼠にどんな欠点があるかというと、／器物をかじるというのがはなはだよくないことである。／かじられた器物は補充がきくが、／死んだもの（＝鼠）は二度と戻ってこない。／もし、猫と鼠の罪の軽重を問うならば、／秤は猫のほうに大きく傾くに違いない（＝猫のほうが罪が重い）。

2 **解答** ②　〔センターⅠ・Ⅱ追試験2000〕

▽五言律詩なので、押韻箇所は第二・四・六・八句末。空欄になっている第六句末以外の音読みを確認すると、「端《タン》」「残《ザン》」「看《カン》」で共通韻は「アン」なので、まず《アン》という音で終わる漢字を選ぶ。

①「痛」＝《ツウ》……(×)
②「難」＝《ナン》……(○)
③「哀」＝《アイ》……(×)
④「寂」＝《ジャク》…(×)
⑤「辛」＝《シン》……(×)
⑥「安」＝《アン》……(○)

▽次に、この漢詩は律詩なので、第五句と第六句が対句になっていることに着目する。

	〝涙を浮かべた目〟→外面＝外から見える		〝簡単〟
〔第五句〕	涙眼	描将	易、
	⇨対立⇦	＝〝表現すること〟＝	⇨対立⇦
〔第六句〕	愁腸	写出	［　］。
	〝悲しみに満ちた心〟→内面＝外から見えない		〝？〟

第六句の「愁腸」は〝悲しみに満ちた心〟の意だが、それを知らなくても「腸」が〝はらわた〟つまり内臓のことと分かれば、「愁腸」と第五句の「涙眼」が対立の関係になっていることはつかめる。すなわち「涙眼」は外から見えるが、「愁腸」は外から見えないという関係。さらに、外から見える「涙眼」を「描き将くこと」は簡単である一方、外から見えない「愁腸」を「写し出すこと」は困難、という対立関係を捉えれば②が正解とわかる。

なお、この漢詩は律詩なので第三句・第四句も対句になる。

〔第三句〕	已驚	顔	索寞、
	＝自分の感覚＝	＝体の部位＝	＝状態＝
〔第四句〕	漸覚	鬢	凋残。

→共通性

漢文第Ⅰ章　知識の整理

書き下し文

丹青《たんせい》の筆《ふで》を下《くだ》さんと欲《ほっ》し、／先《ま》づ宝鏡《ほうきやう》の端《はし》を拈《と》る。／已《すで》に驚《おどろ》く顔《かほ》の索寞《さくばく》たるに、／漸《やうや》く覚《おぼ》ゆ鬢《びん》の凋残《てうざん》するを。／涙眼《るいがん》描《ゑが》き将《ゆ》くこと易《やす》く、／愁腸《しうちやう》写《うつ》し出《い》だすこと難《かた》し。／君《きみ》の渾《すべ》て忘却《ばうきやく》せんことを恐《おそ》る、／時《とき》に画図《ぐわづ》を展《ひろ》げて看《み》よ。

現代語訳

絵画の筆をふるおうとして、／まず宝鏡の端を取ってみる。／自分の顔がぼんやりと寂しげなのに早くも驚いてしまい、／髪の毛が衰えて抜け落ちているのにやっと気づいた。／涙を浮かべた目を描いていくのはたやすいが、／愁いに沈んだ気持ちを写し出すことは難しい。／あなたがすっかり私を忘れてしまうのが恐ろしい、／時にはこの絵を広げて見て私を思い出してください。

※実際に出題された問題文では、この漢詩の前に、漢詩が作られるまでのエピソードが描かれる。この物語の主人公・南楚材には妻がいるのだが、単身赴任中にその土地の長官に目をかけられ、娘との結婚を請われる。楚材はその申し出を断ることができず、妻と離縁するため、召し使いに命じて自分の家に置いてあった身の回りの品物を運び出させる。その様子を見て夫の心変わりに気づいた妻が、自ら描いた自分の肖像画とともに悲しみをつづった漢詩を夫に送った。その漢詩が今回出題の漢詩である。

漢文

第2章 チャレンジテスト

解答と配点

設問番号		正解	配点
問 1		③	5
問2	Ⅰ	①	5
	Ⅱ	③	5
問3	(i)	④	5
	(ii)	③	5
問 4		③	7
問 5		②	8
問6	(a)	①	5
	(b)	④	5
得点		／50点	

大筋の確認

1 禹偁の子の嘉祐は愚かのように見えて実は愚かではない。そのことを寇準だけがわかっていた。
2 ある日、準は嘉祐に「自分が世間でどのように評価されているか」を尋ねた。
3 嘉祐は「あなたは間もなく宰相になるだろうと人々が言っている」と答える。
4 準が嘉祐自身の考えを尋ねると、嘉祐は「まだ宰相にはならない方がよい。あなたの名声が損なわれる」と答える。
5 準がその理由を尋ねると、嘉祐は次のように答える。
6 宰相が力を発揮できるのは、水魚の交わりのように君主と宰相との関係が良好な場合である。
7 しかし、あなたと皇帝の関係が良好かは疑問である。
8 その状態で宰相になってしまうと、人々の期待に十分応えられず、名声を失うだろう。それを私は恐れる。
9 それを聞いて準は、嘉祐の深い見識と先まで見通す思慮に感服した。

本文解説

❖人物を表す語を四角で囲んだり要点をまとめたりなど、文脈をつかむためのヒントを記載しました。

❖本文右側の四角囲みの数字は「大筋の確認」の文番号、＊印は本文の注で説明されている語です。

❖本文左側の丸数字は「重要語チェック」の番号です。読みや意味が重要なもの、重要句形などを取り上げました。

❖置き字の働きをしている語には（　）をつけました。

[1] 嘉祐《*かいうハ》、禹偁《*うしょうノ》子也。嘉祐《ハ》平時《ハ》❶若《キモ》二愚騃《*ぐがいノ》一、❷独《リ》寇準《*こうじゅんノミ》知《ル》レ之《ヲ》。準（=寇準）知《ちタリテ*》二開封府《ニ》一、❸[2] 一日、

逆接　「愚騃」でないこと

問《ヒテ》二嘉祐《ニ》一曰《ハク》、「外《*》間議《ぎスルコト》レ準《ヲ》云何《いかんト》。」〈準の問い=世間での自分の評判は？〉（私）❹ [3] 嘉祐曰《ハク》、「外人皆云《フト》二丈人（=準）旦《*》夕入相《*リテ タラント》一。」〈嘉祐の答え〉 [4] 準曰《ハク》、

「於《おイテハ》二吾子《*ごしニ》（=嘉祐）一意《おもフコト》❹何如《いかんト》。」〈準の問い=嘉祐の見解は？〉嘉祐曰《ハク》、「以《テ》レ愚《*ヲ》（=嘉祐）観《みルニ》レ之《ヲ》、丈人（=準）❺不《レ》若《カ》レ❻未《ダ》レ為《ラ》レ相《ト》。為《レバ》レ相《ト》則《チ》誉望〈嘉祐の答え=世間とは異なる見解〉

損《ナハレント》（矣）。」[5] 準曰《ハク》、「何《ノ》故《ゾト》。」〈準の問い=根拠は？〉嘉祐曰《ハク》、[6]〈嘉祐の答え=自分の見解の根拠〉「❼自《より》レ古《いにしへ》賢相《ノ》❽所《下》以《❾能《ク》建《テ》二功業《ヲ》一沢《うるほス*》中生民《ヲ》上者《は》、其《ノ》

君臣相得《ヒルコト》皆❿如《*ケレバナリ》二魚之有《ルガ》レ水。故《ニ》言聴《カレ》計従《ハレ》、而《シテ》功名倶《ともニ》美《ナリ》。〈賢相の意見や計画が君主に受け入れられる〉〈一般論〉↔〈本題〉 [7] ⓫今丈人（=準）負《ヒ》二天下《ノ》重

望《ヲ》一、相《タレバ》則《チ》中外以《テ》二太平《ヲ》一責《もとメン》（焉）。〈準が宰相になった場合を想定〉丈人之于《おケルヤ》二明主《*ニ》一、能《ク》若《キ》二魚之有《ルガ》レ水⓬乎《か》。〈準と皇帝の関係を疑問視〉（私）[8] 嘉祐《ノ》

所㆔以恐《ルル》㆓誉望之損《ナハレンコトヲ》㆒也。」準 ⑨ 喜《ビ》、起《たチテ》執《とリテ》㆓其《ノ》手《ヲ》㆒曰《ハク》、「元《げん》之《しハ》（=禹偁）（準の言葉=嘉祐の見識の高さに感服）⑬雖《モ》㆔文章《ハ》冠《タリト》㆓天下《ニ》㆒、至《リテハ》㆓・

（於）深識遠慮《ニ》㆒、殆《ほとんド》⑭不《ル》㆑能《ハ》㆑勝《ル》㆓吾子《ニ》㆒（=嘉祐）也《ト》。」・

●重要語チェック（◇は本文中の意味・用法）

❶若
◇（～ノ・ガ）ごとシ＝～のようだ
。（～ニ）しク＝～に及ぶ　＊比較
。もシ（～バ）＝もし～ならば　＊仮定
。なんぢ＝おまえ

❷独
◇ひとリ（～ノミ）＝ただ～だけ　＊限定
。ひとリ（～ン）＝どうして～か、いや～ない　＊反語

❸一日
◇いちじつ＝ある日

❹云何・何如
◇いかん＝どうであるか

❺不若
◇（～ニ）しカず＝～に及ばない／～のほうがよい　＊比較

❻未
◇いまダ～ず＝まだ～ない　＊再読文字

❼自
◇～よリ＝～から〈from〉
。みづからラ＝自分から
。おのづからラ＝自然と

❽所以
◇ゆゑん＝理由

❾能
◇よク＝～できる

❿如
◇（～ノ・ガ）ごとシ＝～のようだ
。（～ニ）しク＝～に及ぶ　＊比較
。もシ（～バ）＝もし～ならば　＊仮定

⓫今
◇一般論やたとえ話から本題（現実）に戻ることを示す

⓬乎
◇～か・や＝～か　＊疑問
。～ンや＝～か、いや～ない　＊反語

⓭雖
◇（～ト）いへどモ＝～ではあるが／たとえ～としても　＊仮定

⓮不能
◇あたハず＝～できない

書き下し文・現代語訳

○嘉祐《かいう》は、禹偁《うしよう》の子《こ》なり。

嘉祐は禹偁の子である。

○嘉祐《かいう》は平時《へいじ》は愚騃《ぐがい》のごときも、独《ひと》り寇準《こうじゆん》のみ之《これ》を知《し》る。

嘉祐はふだんは愚かであるように見えたが、ただ寇準だけはこのこと（＝嘉祐は愚かではないこと）を知っていた。

○準開封府《じゆんかいほうふ》に知《ち》たりて、一日《いちじつ》、嘉祐《かいう》に問《と》ひて曰《い》はく、「外間準《ぐわいかんじゆん》を議《ぎ》すること云何《いかん》」と。

準は開封府の知事を務めており、ある日、（準が）嘉祐に尋ねて言うことには、「世間では（私）準のことをどのように論評しているかね」と。

○嘉祐曰《かいうい》はく、「外人皆丈人旦夕《ぐわいじんみなぢやうじんたんせき》入《い》りて相《しやう》たらんと云《い》ふ」と。

嘉祐が言うことには、「ほかの人は皆あなたはすぐに朝廷に入って宰相におなりになるだろうと言っております」と。

○準曰《じゆんい》はく、「吾子《ごし》に於《お》いては意《おも》ふこと何如《いかん》」と。

準が言うことには、「あなたはどのように考えるか」と。

○嘉祐曰《かいうい》はく、「愚《ぐ》を以《もつ》て之《これ》を観《み》るに、丈人未《ぢやうじんいま》だ相《しやう》と為《な》らざるに若《し》かず。

嘉祐が言うことには、「私自身このことを考えるに、あなたはまだ宰相とならないほうがよろしいでしょう。

○相《しやう》と為《な》れば則《すなは》ち誉望損《よばうそこ》なはれん」と。

もし、あなたが宰相となれば、あなたの名声は損なわれるでしょう」と。

○準曰《じゆんい》はく、「何《なん》の故《ゆゑ》ぞ」と。

準が言うことには、「どういうわけだ」と。

○嘉祐曰《かいうい》はく、「古《いにしへ》より賢相《けんしやう》の能《よ》く功業《こうげふ》を建《た》て生民《せいみん》を沢《うるほ》す所以《ゆゑん》は、其《そ》の君臣相《くんしんあ》ひ得《う》ること皆魚《みなうを》の水有《みづあ》るがごとければなり。

嘉祐が言うことには、「昔から優れた宰相が功績を挙げ人々に恩恵を施すことができた理由は、あたかも魚に水が必要であるように君臣の関係が極めて良好なものだったからです。

○故《ゆゑ》に言聴《げんき》かれ計従《けいしたが》はれ、而《しか》して功名倶《こうみやうとも》に美《び》なり。

だからこそ（宰相の）意見は（君主に）聞かれ（宰相の）計画は（君主に）従われ、そうして功績と名声がともに立派だったのです。

○今丈人天下《いまぢやうじんてんか》の重望《ぢゆうばう》を負《お》ひ、相《しやう》たれば則《すなは》ち中外太平《ちゆうぐわいたいへい》を以《もつ》て責《もと》めん。

今あなたは世の中の厚い信望を背負っており、（この状態で）もし宰相であれば国内外ともに（あなたに）天下太平（の実現）を求めるでしょう。

○丈人《ぢやうじん》の明主《めいしゆ》に于《お》けるや、能《よ》く魚《うを》の水有《みづあ》るがごときか。

（しかし）あなたと皇帝において、魚と水のような親密な関係といえるでしょうか。

○嘉祐《かいう》の誉望《よばう》の損《そこ》なはれんことを恐《おそ》るる所以《ゆゑん》なり」と。

（これが、私）嘉祐が（あなたの）名声が損なわれるかもしれないと恐れる理由です」と。

○準喜《じゆんよろこ》び、起《た》ちて其《そ》の手《て》を執《と》りて曰《い》はく、「元之《げんし》は文章《ぶんしやう》は天下《てんか》に冠《くわん》たりと雖《いへど》も、深識遠慮《しんしきゑんりよ》に至《いた》りては、殆《ほとん》ど吾子《ごし》に勝《まさ》る能《あた》はざるなり」と。

準は喜び、立ち上がって嘉祐の手を取って言うことには、「（あなたの父の）元之は文章に関しては天下一であったが、深い見識や先まで見通す思慮については、おそらくあなたにはかなわないのだ」と。

出典

南宋の歴史家・李燾（一一一五〜一一八四）による歴史書（史伝）。北宋の司馬光《しばこう》が編集した『資治通鑑』の続編として、北宋九代の歴史を記す。

設問解説

問1 【語句の意味】 **解答** ③

▽まず、X「議」前後の文脈をまとめてみる。

> 。準の嘉祐への質問
>
> 「外間（＝主語） 準を（＝目的語） **議**（＝動詞） 云何《いかん》」
>
> 世間が準（私）を「議」することについてどうであるか
>
> 。嘉祐の答え
>
> 「（外人皆）丈人　旦夕　入りて　相たらん（と云ふ）」
>
> （ほかの人は皆）あなたはすぐ朝廷に入って宰相になるだろう（と言っている）
>
> ＝
>
> 世間は準のことを高く評価している

〈世間が私のことをどのように「議」しているか〉という準の質問に対して、嘉祐が〈すぐに宰相になる人だと高く評価している〉と答えたという文脈。この流れから考えると、③「論評する」が最適。⑤「批判する」は〝物事のよしあしを批評して判断する〟という意味があるので保留。また、嘉祐の答えの内容からすれば、多少違和感はあるものの④「礼賛する」でもなんとか文脈はつながる。①「相談する」は的外れ。②「非難する」は、準が自分に向けられた世間の非難について質問したことになり、嘉祐の答えとかみ合わないので不適。

▽次に、Y「沢」前後の文構造を考える。

> 「賢相の（＝主語） …… 生民を（＝目的語） **沢**（＝動詞）」
>
> 優れた宰相が　人々を　「沢」する

残りの③・④・⑤のうち、④「物資を供給する」は、人々に対する宰相（大臣）の行為としてあまりにも狭くかつ現実的過ぎる。⑤「愛情を注ぐ」でも文脈が通じそうだが、〝弱い立場の人に恵みを与えること、恩恵〟の意の熟語で「恩沢」があることを考えると、③「恩恵を施す」のほうが「賢相」の理想的な姿・行いをより明確に述べた文脈となる。正解は③。

問2 【表現の解釈】

Ⅰ **解答** ①

▽「知」の部分の訳はすべて同じなので、「之（これ）」の指示内容を吟味する。指示語は直前の内容を指し示すことが多いので直前の内容に注目すると、直前には〈嘉祐はいつもは愚かなようで

ある〉とある。しかし、すぐに③や④を選んではならない。

ここは「愚騃のごときも」の「も」に注目する。この「も」は接続助詞で逆接の働きをしており、「之」は直前の内容とは逆の内容を指していると考える。よって正解は①。そのあとの、準が世間の自分に対する評判について嘉祐に尋ねているという文脈にも合う。愚かだと思っている人物に対して、このようなことは尋ねないはずである。

ワンポイント・アドバイス
送り仮名「モ」があったら逆接で下につながることが多いと覚えておくと、文脈をつかむのに役立つ。

Ⅱ **解答** ③

▽こちらは「知」のここでの意味がポイント。主語は「準」なので、準が開封府に関してどうしたのかを文脈から捉える。準が政治家、開封府が都市名であることは（注）からおさえておく。

準は嘉祐に〈世間での自分の評判〉を尋ね、嘉祐は〈準が朝廷（中央政府）に入って宰相になるとうわさされている〉と答える。つまり、そのときの準は地方政府の役人であって、今後の自分の進退について嘉祐に意見を求めたと考えるのが妥当であろう。この文脈に最も合うのは③。「知」には〝治める〟という意味がある。①の「知遇を得る」は〝人格・才能を認められ、手厚くもてなされる〟の意。

問3【書き下し文&解釈】

(i) **解答** ④

▽ポイントになりそうなのは再読文字「未」だが、すべての選択肢が「未だ〜ず」と読んでいるので、これでは絞れない。そこで「不若」に注目。これは「(〜に)若かず」と読む比較の句形。

→③「若（なんぢ）」と読んでいるので×。

▽次に、①・⑤「丈人に若かずんば」という読み方について。

(1)「〜ずんば」は仮定の読み方

(2)「丈人」は（注）にあるように〝あなた〟の意

(3)「不若」は〝〜に及ばない〟と訳す

→〝（誰かが）あなたに及ばなければ〟という訳になる。

ここは、準が宰相になることに関して嘉祐が意見を述べている部分。ほかの誰かと準を比べてはいない。①・⑤は×。

▽最後に、②「相の為にせざる」という読み方について。「せ」はサ変動詞「す」の未然形だが、この読み方だと〝宰相の為にしない〟という訳になり、文脈に合わない。②は×。

→よって正解は④。

(ii) **解答** ③

▽(i)の答え④の読みに合う解釈を選ぶ。ポイントは次の二点。

。「相と為らざる」→〝宰相とならない〟

。「〜に若かず」→〝〜に及ばない〟or〝〜のほうがよい〟

→この二点をおさえた③が正解。

ワンポイント・アドバイス

書き下し文に関する問題は、返り点のつけ方、または解釈とセットになって出題されることが多い。書き下し文に関しては句形、重要語のみで解ける場合もまれにあるが、たいていは解釈も合わせて考える必要がある。また、解釈から先に答えを出して、その解釈に合う書き下し文を選ぶやり方のほうが効率的という場合もある。臨機応変に対応する力を身に付けるため、問題量をこなして慣れていこう。

問4【内容把握】 **解答** ③

目のつけどころ

＊一般論として述べている部分であることをつかむ。
＊何を話題にした一般論か?

▽傍線部を含む「自古賢相……功名俱美。」は一般論であり、そのあとの「今丈人…」が本題で、準のことについて述べている。⇦

①「丈人」は〝あなた〟の意。一般論に「あなた＝準」が出てくるのはおかしいので×。

▽次に、一般論の話題は何かについて考える。傍線部直前の表現に注目。

。「君臣……魚の水有るがごとけれ」

君臣の関係は……魚に水が必要であるようなもの
＝
話題

②・⑤「生民」との関係が話題ではないので×。⇦

▽残った③・④を傍線部Bにあてはめてみる。

③ 賢相の「言」「計」が君によって「聴かれ」「従はれ」
④ 明主の「言」「計」が賢相によって「聴かれ」「従はれ」

③の「君（君主）」は、④の「明主」と同じと考えてよい。つまり、③・④は「誰の」「誰によって」の捉え方が逆になっているということ。どちらが適切か、直前の文とのつながりから考える。

昔から賢相は「功業を建て生民を沢す」ことができた…X
「所以は」（その理由は）
君臣の関係が魚と水の関係のように良好だったから…Y
「故に」（だから）
「言聴かれ計従はれ」…Z（傍線部B）

この文脈から、Zが成立するためにはY〈君臣の関係が良好〉が絶対条件だということがわかるが、④のように君主の「言」「計」が宰相によって「聴かれ」「従はれ」るためにYの条件は絶対に必要かといえば、この二者は主従関係にあるため特に必要ないはず。臣が君主の命令に従うのは当然のことである。

一方、もしYの条件が整っていなければ、君主は自分が信頼していない臣の進言は受け入れないはず。つまり、Zが成立するためにはYの条件が必要となる。〈君臣の関係が良好＝Y〉という条件が整っているからこそ、〈賢相の「言」「計」が君によって「聴かれ」「従はれ」＝Z〉、その結果〈賢相は「功業を建て生民を沢す」ことができた＝X〉のである。正解は③。

問5 【理由把握】 解答 ②

▽まず、選択肢前半の内容に注目。傍線部の前に「丈人天下（＝世の中）の重望を負ひ」とあるので、期待するのは「人々」と考えられる。よって②・④が適切。傍線部は準自身が宰相になった場合を想定しての言及であるという点からも、「宰相は寇準に対して」とした①・⑤は不適。

▽②・④の後半部分吟味のため、傍線部直前の内容に注目。

。「丈人の明主に于けるや、能く魚の水有るがごときか。」

あなたと明主の関係は、魚と水のように良好か？

⇩

②もし寇準が皇帝と親密な状態になれなければ
④もし寇準が皇帝の意向に従ってしまえば

↓準と明主（＝皇帝）との関係が良好かどうかについて言及した②が正解。

問6 【資料を踏まえた内容把握&空所補充】

(a) 解答 ①

目のつけどころ

＊会話文中の資料からわかる「深識遠慮」の意味は？

▽示された会話文から、傍線部Dの「深識遠慮」がどのような意味で用いられているかを推測する。

判断材料として二つの用例が挙げられている。

一つは『論語』の一節。生徒Bが指摘しているように、「遠慮」と「近憂」が対義語の関係になっていることに気づけば「遠慮」の意味が推測できる。「近憂」は「近き憂ひ」、すなわち〝身近な心配事〟の意。一方、「遠慮」は「遠き慮り」、すなわち〝遠い将来についての考え〟の意である。

▽さらにもう一つの判断材料として、「深謀遠慮」という熟語が見える『過秦論』の一文が挙げられている。「深謀遠慮」とは教師と生徒の会話からもわかるように〈深き謀《はかりごと》と遠き慮り〉で、〝遠い将来のことまで深く考えて計画を立てること〟をいう。一字違うだけの「深識遠慮」は〈深き見識（知識）と遠き慮り〉で、〝深い見識・知識と遠い将来まで見通す思慮〟と解釈すればよい。遠い将来について考えることができるのは、先を見通す力があるともいえる。この内容に最も近いのは①。

余談だが、『過秦論』ではこの文のあと、「このようなつまらぬ男の反乱が秦朝の滅亡につながったのは、仁義を民に施さず、天下統一までの政策と統一後の政策が異なったためである」と続く。

(b) **解答** ④

目のつけどころ

＊寇準は、嘉祐が自分にどのようなことを言ってくれたから「喜」んだのか?

▽傍線部Dは、寇準が嘉祐の言葉を聞き、嘉祐の「深識遠慮」を評価したものである。つまりこの設問では、嘉祐の発言の内容が正確に把握できているかが問われている。

① **寇準に問われるまで、理想の君臣関係に関する自分の見解をあえて述べなかった**

↓(×) 寇準が尋ねたのは自分に対する世間の評判であり、さらにそれに対する自身の見解を問われた嘉祐は、世評とは異なる考えを述べる。「理想の君臣関係」はその考えの根拠として挙げただけ。問われる前から、「理想の君臣関係に関する自分の見解」を述べようと思っていたわけではない。

② **寇準の政治的立場を無視した世間の大多数の意見に対して、真っ向から反論した**

↓(×) 世間の意見が「寇準の政治的立場を無視した」ものであるかは本文からは読み取れない。また**問1**でも捉えたように、世間は寇準のことを高く評価している。その世評に嘉祐が「真っ向から反論した」ことで寇準が喜ぶのは不自然である。

③ **宰相が政治を行う際、どのように民衆と向き合うべきかを深く知っていた**

↓(×) 嘉祐が言及しているのは「宰相と民衆との関係」ではなく「宰相と君主との関係」。

④ **皇帝と宰相の政治的関係を深く理解し、寇準の今後の進退について的確に進言した**

↓(○)「皇帝と宰相の政治的関係」について嘉祐は、水と魚との関係のようなものだと述べ、それを踏まえて、寇準と皇帝は今はその理想的な関係にないのでまだ宰相にならないほうがよいとアドバイスをした。嘉祐の発言の内容と一致。

⑤ **古代の名宰相の功績を参考にして今の政治の問題点を分析し、改善の道を開いた**

↓(×) 嘉祐の発言は「今の政治の問題点を分析し」たものではない。

読解のための古文常識語QUIZ 【解答】

1 (16ページ)

①オ ②カ ③ク ④ウ ⑤コ ⑥シ
⑦エ ⑧サ ⑨ケ ⑩キ ⑪ア ⑫イ

2 (53ページ)

①ウ ②キ ③イ ④コ ⑤オ
⑥ク ⑦エ ⑧ア ⑨カ ⑩ケ

2 『野《や》鴻《こう》詩《し》的《てき》』

解答と配点

設問番号		正解	配点
問1	(1)	④	4
	(2)	⑤	4
問　2		⑤	7
問　3		③	7
問4	(i)	④	5
	(ii)	①	5
問　5		④	7
問6	(i)	②	4
	(ii)	⑤	7
得点		／50点	

大筋の確認

1 近ごろの、学問・文芸を修めようとする人は杜甫の詩を難しいと言って読むことをしない。
2 宋代や明代、晩唐の詩にしか触れないでいると、あとで杜詩を学ぼうとしてもできなくなってしまう。
3 学問・文芸を修めるには低い所から始めるべきだと言う論者がいるが、それは間違いである。
4 なぜなら、高い所に上るにしても、どの低い所から始めるかで違うからだ。
5 登山にたとえてみると、泰山に登るのに、ふもとの低い梁父から登るのは適切である。
6 しかし、低いからといって泰山から遠く離れた梟山や繹山を経由するのは苦しいだけで適切ではない。
7 これと同じように、杜詩を学ぶには（ほかの詩人の詩ではなく）杜詩の中の理解しやすい詩から学ぶのがよい。
8 そうすれば杜詩の難解なものも理解できるようになり、その真髄に達することができるだろう。

本文解説

1 〈問題提起〉

*世之学ブ者、動モスレバ以テ二杜《*と》詩ヲ一為シ二難解ト一、不二肯ヘテ一タビモ過《とほ》サレ目ヲ。2 所ノ二呷《*い》哦《が》スル一者ハ、非ザレバ二宋《*そう》・明《みん》ニ一即チ晩唐ナリ。[詎《なん》ゾ知]ランヤ、[薫《*くん》染《せん》スルコト既ニ深ク、後雖モレ欲ストレ進マント二(乎)杜ニ一、也《ま》タ可キカヲレ得(乎)」。

〈「世之学者」が難解だという理由で杜詩を学ばないことを批判〉

倒置　何＝＊反語

❶〈筆者の主張〝ほかのものに手を出さず最初から杜詩を学ぶべきだ〟〉

3 〈たとえを用いて主張を裏付け〉

*説ク者謂フ、「学ブ者ハ当ニ二❷クシテ登ルレ高キニ❸自リスレ卑《ひく》キ、不レ可カラ二*躐《れふ》等《とう》ス一」。此ノ言近クシテ❹是ニ(而)❺非ナルハ、4 道ニ有ルガレ不ルレ同ジカラ故也。

此言＝「説者」の説

〈「説者」の説を「非」と考える根拠〉

5 ❻如シ上ルニ二*泰《たい》山《ざん》ニ一由リシテ二*梁《りやう》父《ほ》一(而)登ラバ、此レヲレ之レ謂フレ自リスト卑キ。

〈説があてはまるパターン〉

6 ❼若シ歴ヘテ二*鳧《ふ》・繹《えき》ヲ一(而)冀《ねが》ハバレ造《いた》ラント二*日・観之巓《いただき》ニ一、跡《たづ》ヌルコトレ之ヲ愈《いよいよ》労《くる》シク、去ルコトレ之ヲ愈遠シ(矣)。

〈説があてはまらないパターン〉

之＝泰山　之＝泰山

7 〈結論〉

然ラバ則チ学ブレ杜ヲ者ハ当ニ二❽クンバ何如ナル一而チ可ナルカ。余(＝筆者)曰ハク、検《けみ》シ三杜之五*律ノ中《うち》浅近ニシテ易明ナル者(＝物)、❻如キヲ二「天河」「蛍《けい》火《くわ》」「初月」「画《ゑが》クレ鷹《たか》ヲ」「端午ニ賜《たまは》ルノレ衣ヲ」詠《えい》物《ぶつ》等ノ篇ノ一、反復*尋《じん》繹《えき》セバ、8 心目❸自《おのづか》ラ明ラカニシテ、門戸ニテ不ルレ患《わづら》ハ三其ノ不ルヲ二望見セ一也。由《よ》リシテレ此(而)進マバ、歴テレ階《かい》ヲ升《のぼ》ルコトレ堂ニ、殆《ほとん》ド有ランレ期(矣)。

〈杜詩を学ぶための具体的な方法を提案〉

〈杜詩の中で「浅近易明」なものの具体例〉

〈筆者提案の方法で杜詩を学ぶことによって得られる成果〉

重要語チェック （◇は本文中の意味・用法）

❶雖
◇（～ト）いへどモ＝たとえ～としても／～ではあるが ＊仮定

❷当
◇まさニ～ベシ＝当然～すべきだ／きっと～だろう ＊再読文字

❸自
◇～よリ＝～から〈from〉
◇おのづから＝自然と
◦みづから＝自分から

❹是
◇ぜ＝正しい
◦これ・ここ＝人・事物・場所などを指す

❺非
◇ひ＝正しくない
◦（～ニ）あらズ＝～でない ＊否定
※熟語「是非」の形でも用いられる

❻如
◇もシ（～バ）＝もし～ならば ＊仮定
◇（～ノ・ガ）ごとシ＝～のようだ
◦（～ニ）しク＝～に及ぶ ＊比較

❼若
◇もシ（～バ）＝もし～ならば ＊仮定
◦（～ノ・ガ）ごとシ＝～のようだ
◦（～ニ）しク＝～に及ぶ ＊比較
◦なんぢ＝おまえ

❽何如
◇いかナリ＝どのようである
◦いかん＝どうであるか

書き下し文・現代語訳

【本文】

○世《よ》の学《まな》ぶ者《もの》、動《やや》もすれば杜詩《とし》を以《もつ》て難解《なんかい》と為《な》し、肯《あ》へて一《ひと》たびも目《め》を過《とほ》さず。

近ごろの、学問・文芸を修めようとする人は、とかく杜甫の詩を難解だと考え、一度も目を通そうとしない。

○咿哦《いが》する所《ところ》の者《もの》は、宋《そう》・明《みん》に非《あら》ざれば即《すなは》ち晩唐《ばんたう》なり。

吟詠するのは、宋代・明代の詩でなければ晩唐の詩である。

○詎《なん》ぞ知《し》らんや、薫染《くんせん》すること既《すで》に深《ふか》く、後杜《のちと》に進《すす》まんと欲《ほつ》すと雖《いへど》も、也《ま》た得《う》べきかを。

(彼らは)どうして知っているだろうか、いやわかっていないのだ、(それらの時代の詩の)影響をすでに色濃く受けてしまっているので、のちに杜詩を学ぼうとしても、もはやできなくなっていることを。

○説《と》く者《もの》謂《い》ふ、学《まな》ぶ者《もの》は当《まさ》に高《たか》きに登《のぼ》るに卑《ひく》きよりすべくして、躐等《れふとう》すべからずと。

ある論者は言う、「学問・文芸を修めようとする者は、高い所に上るには、低い所から始めるべきであり、段階を飛び越えてはならない」と。

○此《こ》の言是《げんぜ》に近《ちか》くして非《ひ》なるは、道《みち》に同《おな》じからざる有《あ》るが故《ゆゑ》なり。

この言葉が正しいようで正しくないのは、(高い所に上る)道には同じでないものがあるからである。

○如《も》し泰山《たいざん》に上《のぼ》るに梁父《りやうほ》よりして登《のぼ》らば、此《こ》れを之《こ》れ卑《ひく》きよりすと謂《い》ふ。

(たとえば)もし泰山に登るのに、(泰山の麓の)梁父から登るのであれば、低い所から始めるといえる。

○若《も》し鳧《ふ》・繹《えき》を歴《へ》て日観《につくわん》の巓《いただき》に造《いた》らんと冀《ねが》はば、之《これ》を跡《たづ》ぬること愈《いよいよ》労《くる》しく、之《これ》を去《さ》ること愈《いよいよ》遠《とほ》し。

(しかし、低い山だが泰山の遥か南にある)鳧山や繹山を経由して日観峰の頂上にたどり着きたいと願うのならば、頂上を目指すことはますます苦しく、ますます目的地から遠ざかることになる。

○然《しか》らば則《すなは》ち杜《と》を学《まな》ぶ者《もの》は当《まさ》に何如《いか》なるべくんば而《すなは》ち可《か》なるか。

それならば、杜詩を学ぶ者はどのようであるのがよいのか。

◦余《よ》曰《い》はく、杜《と》の五律《ごりつ》の中浅近《うちせんきん》にして易明《いめい》なる者《もの》、「天河《てんが》」「蛍火《けいくわ》」「初月《しよげつ》」「鷹《たか》を画《えが》く」「端午《たんご》に衣《い》を賜《たまは》る」の詠物等《えいぶつとう》の篇《へん》のごときを検《けみ》し、反復尋繹《はんぷくじんえき》せば、心目《しんもく》自《おのづか》ら明《あき》らかにして、門戸《もんこ》にて其《そ》の望見《ばうけん》せざるを患《わづら》はざるなり。

私が（自分の考えを）言うには、杜甫の五言律詩の中で卑近で平明なもの、「天河」「蛍火」「初月」「画鷹」「端午賜衣」といった詠物詩のような作品を手本として、繰り返し探究するならば、（物を見きわめる）心の目も自然と明らかになり、入り口にいて（奥が）見えないのを心配することはない。

◦此《これ》よりして進《すす》まば、階《かい》を歴《へ》て堂《だう》に升《のぼ》ること、殆《ほとん》ど期《き》有《あ》らん。

このように進んで行けば、段階を踏んで高堂に上る（＝すぐれた境地に達する）ときが、きっと来るだろう。

【問6の漢詩】

◦蛍火《けいくわ》

蛍の光

◦幸《もと》より腐草《ふさう》に因《よ》り出《い》づ／敢《あ》へて太陽《たいやう》に近《ちか》づきて飛《と》ばんや

蛍はもともと腐った草から生まれ出るという。／そのようなものが、どうして太陽に向かって飛んだりしようか。

◦未《いま》だ書巻《しよくわん》に臨《のぞ》むに足《た》らざるも／時《とき》に能《よ》く客衣《かくい》に点《てん》ず

ほのかな光は書物を読むには役立たないが、／時には旅人である私の衣にとまり光を灯す。

◦風《かぜ》に随《したが》ひて幔《とばり》を隔《へだ》てて小《ちひ》さく／雨《あめ》を帯《お》びて林《はやし》に傍《そ》ひて微《かす》かなり

風に乗ってとばりの向こうに飛んでいっては小さく光り、／雨にぬれて林の方へ向かっていってはかすかな光を発する。

◦十月清霜重《じふぐわつせいさうおも》し／飄零《へうれい》して何《いづ》れの処《ところ》にか帰《き》する

冬十月ともなると清く白い霜が重たく降りてくる。／蛍は衰え弱ってどこに行くのだろうか。

出典

『野鴻詩的』…清代の詩人・黄子雲（一六九一～一七五四）による著作。漢詩の作法や歴史、詩人の批評などを記す。本文では、杜甫を崇敬する立ち位置で杜甫の詩の学び方を論じている。

「蛍火」（**問6**の漢詩）…盛唐の詩人・杜甫（七一二～七七〇）の作。杜甫は後世、詩聖と称され、詩仙と称された李白《りはく》とともに中国の代表的詩人とされる。

設問解説

問1　【語句の意味】

(1)　**解答**　④

▽「動」は受験漢文の必須知識ではないが、「モスレバ」という送り仮名から「ややもすれば」という読みが推測できるだろう。もしくは、「動」そのものの読みではないが「ともすれば」を思い浮かべてもよい。いずれも、〝そのようになりやすいさま〟を表す。これに最も近い④が正解。

(2)　**解答**　⑤

▽「是」には「これ」「ここ」などの読みもあるが、直後の「非」と対立関係にあることに気づけば、ここの「是」は「ぜ」と読んで〝正しいこと〟の意味で使われていることがわかる。「是非」は〝正しいことと正しくないこと・善悪〟の意。

問2　【解釈】　解答　⑤

▽まず、文頭に「詎知」と掲げ、そのあとで「知」の内容を述べた倒置の構造になっていることに注目。「詎」は疑問詞「何」と同じ。さらに「知らんや」と読んでいるので、ここは反語で〝どうして知っているだろうか、いや知らない〟の意だと捉える。つまり、〈詩を学ぶ者は、「薫染既深～也可得乎」ということを知らない〉という方向の解釈になる。

↓①・④はこの文の構造に沿った解釈になっていないので×。

▽「薫染既深」の解釈は②・③・⑤すべて同じ内容なので、そのあとの「後雖欲～也可得乎」の解釈を吟味してみる。

ポイントになるのは、「雖」の訳し方。「雖」は「(～ト) いへどモ」と読み、〝たとえ～としても〟の意。〝～ではあるが〟と訳すこともあるが、ここは「杜に進まんと欲す（学ぶものとして杜詩に進みたいと思う）」とあり、杜詩を学ぶことを仮定しているので前者の意味と考える。

↓「杜詩を学ぼうとしても」と訳した⑤が正解。

ワンポイント・アドバイス

解釈が問われた設問でも、このように句形の知識だけで解けてしまう場合もある。〝句形の知識は点数に直結！〟である。しっかりと身に付けよう。

問3 【内容把握】 解答 ③

目のつけどころ

＊詩を学ぶことについての筆者の考えは？
＊登山のたとえとどのように結びつけているか？

▽第二段落だけでなく文章全体の内容の把握が必要。まず、詩を学ぶことについて筆者がどのように考えているかをまとめる。

目標＝難解な杜詩を学ぶ
。世之学者…杜詩を避け、宋・明・晩唐の詩を朗唱
（→杜詩を学ぼうとしても手遅れになるので×）
⇔
。筆者の提案…杜詩の中で「浅近易明」なもの（「天河」「蛍火」「初月」など）から始めるのが○

次に、登山のたとえをまとめる。

目標＝泰山に登る
。梁父から登山開始（→泰山の麓の低い山なので○）
⇔
。梟・繹を経由（→低い山だが泰山から遥か南なので×）

この二つを見比べれば、〈杜詩＝泰山〉〈「天河」「蛍火」「初月」など＝梁父〉〈宋・明・晩唐の詩＝梟・繹〉の関係がわかる。

問4 【書き下し文&解釈】 解答 (i) ④ (ii) ①

▽この設問は(ii)から考えていくほうが効率がよい。(ii)解釈の選択肢を絞るには、まず「然則」の読み方に注目する。「然則」については(i)のすべての選択肢が「しかラバすなはチ」と読んでいるが、「しからば」はラ変動詞「しかり」（副詞「しか」＋ラ変「あり」）の未然形に接続助詞「ば」が接続したもの。古文の文法知識があれば、《未然形＋ば》なので〝それならば〟という訳になることがわかるはず。
→①・③のみOK。

▽次に、傍線部Bに至るまでの流れを確認する。

【第一段落】…「世之学者」に対する批判（筆者の主張）
。難解だという理由で杜詩を避け、簡単な宋・明・晩唐の詩ばかりに触れていると、いざ杜詩を学ぼうとしてもできなくなる
（→最初から杜詩を学ぶべきだ）。

【第二段落】…たとえを用いた主張の裏付け
。泰山に登るには泰山の麓の低い山である梁父から登り始めるべきだ。

▽そして傍線部Bのあとに、杜甫の五言律詩の中で「浅近易明」なものの例として「天河」「蛍火」などの作品名が挙げられているが、**問3**でも捉えたように、これらの作品は〈泰山にたどり着くためにまず登り始めるべき、泰山の麓の低い山である梁父〉にたとえられるものである。つまり、杜詩を学ぶにはこれらの作品

から始めよ、と筆者はアドバイスをしているのである。

さきほど残した①・③のうち、どちらが適切かは明らか。③のように「対処できるとき」を問題にしているわけではない。

↓(ii)の正解は①。
▽次に、(ii)の答えと連動させて(i)書き下し文の選択肢を絞る。
「然則学杜者」「而」の読み方はすべての選択肢が同じ。「可」もすべて「べシ」ではなく「か・かナリ」と読んでいるので決め手にならない。異なっているのは「当」と「何如」の部分。この二点について選択肢を吟味する。

「当」は再読文字として用いられると「まさニ〜べシ」と読む。「当」を「当に」と読んでいるのは②・③・④だが、②は再読部分が「べし」になっていないので不適。「当」は「〜ニあタリ」という読みの可能性もあるので①・⑤も残しておく。

↓②は不適。

「何如」は熟語として「いかん」または「いかナリ（いかナル）」と読む。状態や性質などを問う場合に用いられ、前者は〝どうであるか〟、後者は〝どのようである（どのような）〟と訳す。①・③のように「何《いづ》れのごとき（ごとく）」という読み方はしない。「如」を「ごとシ」と読む場合は返読する。

↓①・③は不適。

残った選択肢④・⑤のうち、どちらが(ii)①の訳になるかを考える。④の「当に何如なるべくんば」を直訳すると〝当然どのようであるべきならば〟となり、「いったいどのようであれば」と解釈して問題ない。⑤の読み方では〝どのようであるに当たって・どのようであるときに〟となり、文脈が通じない。

↓(i)の正解は④。
▽本解説では(ii)から先に答えを出したが、「当」が「〜に当たりて」と読む場合は時を表す名詞（または用言の連体形）とともに用いられるという知識があれば（受験漢文では必須知識ではない）、「当」「何如」の観点で(i)から先に答えが出せる。最終的に正答が得られればよいので、どのようなアプローチでも構わない。

問5【内容把握】 解答 ④

▽「登山」のたとえと本題である「学問・文芸を修めようとする場合」のそれぞれの内容、共通点の捉え方を吟味する。最後の「殆有期矣」の部分の説明はすべて同じなので考えなくてよい。
① 山に登る場合、×**下から一歩ずつ着実に登ることが大切**だが、学問・文芸を修めようとする場合も、この原則を守れば×**高度な作品を避けて始めたとしても**順調に上達し、
↓（×）「下から一歩ずつ」ではなく〈どこから登り始めるか〉が問題になっている。また、難解だという理由で杜詩を避けている「世之学者」を批判しており、「高度な作品を避け」ることを容認してはいない。
② 山も×**登る対象を誤ると**高い頂上にたどり着けなくなるので、

学問・文芸を修めようとする場合も、**人々から注目されている分野を選んで**着実に始めれば順調に上達し、
↓（×）「登る対象」ではなく〈登り始める場所〉が問題になっている。また筆者は「人々から注目されている分野」を選べというアドバイスはしていない。むしろ、筆者が学べと言う杜詩は難解だということで人々から避けられている。

③ 山にもさまざまな高さのものがあるように、学問・文芸を修めようとする場合も、**どれを対象として選択してもよく**、**初歩から一歩ずつ着実に始めれば**順調に上達し、
↓（×）筆者は一貫して〈杜詩を学ぶべきだ〉と言っており、「どれを対象として選択してもよ」いとは言っていない。後半は〈「浅近易明」な作品から始めよ〉と言っていることと合致。

④ 山に登る場合も学問・文芸を修めようとする場合も、**選ぶ対象が重要**であって、どちらも**高い目標を選択**して、**その低いところから着実に進み始めて**こそ順調に上達し、
↓（○）「その低いところから…」の部分は、〈杜詩の「浅近易明」な作品から始めよ〉と筆者が助言している内容と合致。「選ぶ対象が重要」「高い目標を選択」の部分は、本文に明確には述べられていない内容であるが、〈難解な杜詩を避けるな〉という筆者の主張から読み取れると考えてよい。

⑤ 山の頂上にたどり着くにはなるべく**安全な道を選ぶべき**で、学問・文芸を修めようとする場合も、同様に**基礎的でわかりやすい内容のものから始めれば**順調に上達し、
↓（×）「山の頂上にたどり着く」道が「安全」かどうかは問題にしていない。問題にしているのは〈登り始める場所〉。「基礎的で…」の部分は本文の内容と合致。

問6 【押韻&内容把握】

(i) **解答** ②

▽まず、この漢詩は五言律詩なので偶数句末で韻を確認する。
第二句末＝飛《ヒ》
第四句末＝衣《イ》
第八句末＝帰《キ》
↓ Ⅳ には《イ》という母音で終わる漢字が入る。

▽選択肢の漢字の音読みをチェックすると②・④が残る。
① 行《コウ》↓×　② 微《ビ》↓○
③ 隠《イン》↓×　④ 囲《イ》↓○
⑤ 大《ダイ》↓×

▽次に、第五句と第六句が対句になっていることに注目する。

〈第五句〉	随レ風	隔レ幔	小
	＝ 状況 ＝	＝ 場所 ＝	＝ 状態 ＝
〈第六句〉	帯レ雨	傍レ林	Ⅳ
			↓共通性

↓ Ⅳ には「小」と意味的に共通性をもつ漢字が入るはずなので、②「微」が正解。「微小」という熟語もある。

(ii) **解答** ⑤

▽どの選択肢も二文で構成されており、一文目がこの詩の主題について、二文目がこの詩と「難解な詩を理解する基礎」との関連性について言及している。まず、「蛍火」を二句ずつのまとまりで簡潔に解釈し、これをもとに選択肢の一文目を吟味する。

〔第一・二句（首聯《しゅれん》）〕
　蛍は腐草から生まれ、太陽に向かっては飛ばない。
〔第三・四句（頷聯《がんれん》）〕
　本が読めるほどではないが、旅人の自分の衣に光を灯す。
〔第五・六句（頸聯《けいれん》）〕
　小さくかすかな光を放ち、風に乗り雨にぬれて蛍は飛ぶ。
〔第七・八句（尾聯《びれん》）〕
　霜の降りる冬十月、蛍は衰え弱ってどこに行くのか。

① 蛍が**人間の幸福になにも寄与しないことを批判的に描写**しており、そこに**作者の自らへの戒めとする態度**が読み取れる。

② 蛍が人々にとって身近な存在であることを修辞を凝らして描写しており、そこに**作者自身のあこがれ**も表現されている。

③ 蛍が**生まれた所に戻ろうとしない無情なさまを客観的に描写**しており、そこに**作者の望郷の思い**が図らずも浮き彫りにされている。

④ 蛍のか弱い生態を様々な角度から同情的に描写しており、そこに**作者自身の消極的な人生態度**も自然に吐露されている。

⑤ 蛍の**寄る辺なくさまようさまを多様な角度から描写**しており、そこに**作者自身の旅人としての姿**も投影されている。

▽すでに、正答は⑤だろうと見当がつくが、念のため二文目についても吟味してみる。吟味のポイントは、筆者がこの「蛍火」という詩をどのような性質の詩と位置づけていたか、ということ。

この詩は、本文では「杜之五律」の中の「浅近易明」なものの一つとして挙げられていた。「浅近易明」はそれぞれの漢字のもつ意味から、〈それほど深遠なものではなく身近なもので、平易で明確にわかる〉くらいの意味だろうと推測できる。

その観点で選択肢を見てみると、すべてが「浅近」については「身近な題材を用いつつ」と解釈している。そこで「易明」の解釈について吟味する。

① **表現意図が明確に示された**

↓（×）ここでの「明」は「明確に示された」という意味ではない。「易明」は〈平易だからこそ明確にわかる〉ということである。「易」についての言及がなければ説明として適当とはいえない。

② **すぐれた技巧が生きている**

↓（×）「易明」からは外れた内容。
③叙情性も備えた
↓（×）「易明」からは外れた内容。
④複雑な情緒を表現している
↓（×）「易明」からは外れた内容。
⑤平易でかつ内容に奥行きのある
↓（○）「易」についての言及あり。「奥行きのある」が多少気になるが、ほかの選択肢が明らかに不適なので解釈の範囲として可と考える。

ちなみに「蛍光」の作者・杜甫は、三十代半ばで長安に出たのち安史の乱にあい成都へ脱出。さらに長江を下る船旅に出るのだが、その途中で没することになる。五八歳であった。この漂泊の後半生が⑤の「作者自身の旅人としての姿」に相当する。

解答と配点

設問番号		正解	配点
問1	(ア)	②	4
	(イ)	⑤	4
問2	(1)	①	4
	(2)	④	4
	(3)	③	4
問 3		②	7
問 4		⑤	7
問 5		③	8
問 6		②	8
得点		／50点	

大筋の確認

【文章Ⅰ】

1 匠石は、神木のくぬぎ（櫟社）がこれほど大きくなったのは木材として役に立たなかったからだ、と言う。
2 匠石が家に帰ったあと、彼の夢に櫟社が現れて次のように言う。
3 私を文木と比べているようだが、食用になる実をつける木は人の役に立つ能力のために天寿を全うできない。
4 一方、自分は長いこと役に立たないようにしようと生きてきた。
5 今となってはそれが自分にとっては大いに役立っている。
6 もし自分が役に立つ木だったら、これほど大きくはなれなかったはずだ。
7 さらに、私と同じ「物」であるおまえが、私を「物」扱いするのはなぜか。
8 おまえのような「散人」に「散木」たる私の真意はわからないだろう。

【文章Ⅱ】

1 轂の中に空間があるからこそ、車輪が車輪としてはたらく。
2 器の中に空間があるからこそ、器が器としてはたらく。
3 部屋の中に空間があるからこそ、部屋が部屋としてはたらく。
4 このように、形あるものが使い物になるのは無の部分がはたらくからである。

本文解説

【文章Ⅰ】

1 （匠石の言葉）曰《ク》、「❶已《メヨ》(矣)。❷勿《カレ》レ言《フコト》レ之《ヲ》(矣)。散木也。

〈櫟社（＝神木のくぬぎ）が散木（＝役に立たない木）である根拠を例を挙げて指摘〉

以《テ》為《つくレバ》レ舟《ヲ》則《チ》沈《ミ》、以《テ》為《レバ》二棺槨《＊くわんくわくヲ》一則《チ》速《カニ》腐《リ》、以《テ》為《レバ》レ器《ヲ》

則《チ》速《カニ》毀《こはレ》、以《テ》為《レバ》二門戸《ヲ》一則《チ》液樠《＊まんシ》、以《テ》為《レバ》レ柱《ヲ》則《チ》蠹《＊とアリ》。櫟社＝是不材之木也（≒散木）。無《シ》レ所《レ》可《キ》レ用《フ》。故《ニ》

❸能《ク》❹若《ク》レ是《ノ》之寿《ナリト》。」

2 匠石帰《ル》。櫟社《＊れきしや》見《ハレテ》レ夢《ニ》曰《ク》、「3 （櫟社の言葉）女《なんぢ》（＝匠石）将《はタ》悪《なにニ》乎《か》比《スル》レ予《われヲ》（＝櫟社）❺哉。❻若《（＝匠石）》将《タ》比《スル》二予《ヲ》(於)文木《ニ》一（↔散木）❼邪。夫《レ》柤《＊さ》

梨《り》橘《きつ》柚《いう》果蓏《くわ＊ら》之属、実熟《スレバ》則《チ》剝《はぎとラレ》則《チ》辱《もぎとラレ》、大枝《ハ》折《ラレ》小枝《ハ》泄《ひかル》。此以《テ》二其《ノ》能《ヲ》一苦《シムル》二其《ノ》生《ヲ》一

〈「文木」の具体例を挙げて有用であることの弊害を指摘〉

者也。故不《シテ》レ終《へ》二其《ノ》天年《ヲ》一、(而)中道《ニシテ》夭《えうシ》、❽自《ラ》掊《＊ほう》二撃《げきセラルル》(於)（=by）世俗《ニ》一者也。❾物莫《シ》レ不《ルハ》レ若《クナラ》

＊受身の働き

是《ノ》。❿且《ツ》4 予《ノ》求《ムルヤ》レ無《キヲ》レ所《キ》レ可《フ》レ用《シ》久《シ》(矣)。5 幾《ちかクシテ》レ死《ニ》乃《チ》今得《レ》之《ヲ》、⓫為《ス》二予《わガ》大用《ヲ》一。⓬6 使《メバ》二予《ヲシテ》(也而)

〈自分の無用さが長寿に役立っていると主張〉

有《ラ》レ用、且《ツ》得《ン》レ有《ルヲ》二此《ノ》大一（也）❼邪。且《ツ》[7]（也）若《ト》⓭与レ予皆物也。⓮〈匠石の考え方を批判〉奈何《ゾ》（哉）、其《レ》相《ヒ》物《トセン》也。而《シテ》[8]幾《キ》レ死《ニ》之散人、又《タ》⓯悪《いづクンゾ》知《ランヤ》二散木《ヲ》一。」

匠石＝　櫟社＝

【文章Ⅱ】

[1]〈具体例1〉三十《ノ》輻《*ふくハ》共《*ニス》二一轂《こくヲ》一。当《タリテ》二其《ノ》無《ニ》一有《リ》二車之用一。〈1の事実について考察〉[2]〈具体例2〉埏《こネテ》レ埴《*しょくヲ》以《テ》為《ル》レ器《ヲ》。当《タリテ》二其《ノ》無《ニ》一有《リ》二器之用一。〈2の事実について考察〉[3]〈具体例3〉鑿《*うがチテ》二戸《こ》牖《いうヲ》一以《テ》為《ル》レ室《ヲ》。当《タリテ》二其《ノ》無《ニ》一有《リ》二室之用一。〈3の事実について考察〉[4]〈具体例1〜3のまとめ〉故《ニ》有之以《テ》為《スハ》レ利《ヲ》、無之以《テ》為《セバナリ》レ用《ヲ》。〈「無」の有用性を主張〉

重要語チェック（◇は本文中の意味・用法）

❶已
◇やム＝やめる／やむ
。すでニ＝すでに・もはや
。〜のみ＝〜だけ

❷勿
◇なカレ＝〜するな ＊禁止
。なシ＝〜がない ＊否定

❸能
◇よク＝〜できる

❹若是
◇かくノごとシ＝このようである

❺哉
◇〜か・や＝〜か ＊疑問
。〜ンや＝〜か、いや〜ない ＊反語

❻若
◇なんぢ＝おまえ
。（〜ノ・ガ）ごとシ＝〜のようだ
。（〜ニ）しク＝〜に及ぶ ＊比較
。もシ（〜バ）＝もし〜ならば ＊仮定

❼邪
◇〜か・や＝〜か（4行目）＊疑問
◇〜ンや＝〜か、いや〜ない（8行目）＊反語

❽自
◇みづから＝自分から
。おのづから＝自然と
。〜より＝〜から〈from〉

❾莫不

◇～ザルハなシ＝～ないものはない

＊二重否定

❿且

◇かツ＝その上／そもそも

○まさニ～（ント）す＝今にも～しようとする ＊再読文字（＝将）

○しばラク＝しばらく・ひとまず

⓫乃

◇すなはチ＝そこでやっと

⓬使

◇～しム＝～させる ＊使役

⓭与

◇～と＝～と〈with/and/or〉

○～より（ハ）＝～よりは〈than〉

○ともニ＝一緒に

○あづかル＝関わる

○くみス＝味方する・仲間になる

⓮奈何

◇いかんゾ＝どうして

○いかんセン＝どうしようか／どうしようもない

⓯悪

◇いづクンゾ＝どうして

書き下し文・現代語訳

【文章Ⅰ】

○曰《いは》く、「已《や》めよ。

(匠石が)言うことには、「やめろ。

○之《これ》を言《い》ふこと勿《な》かれ。

それを言うな。

○散木《さんぼく》なり。

(これは)役に立たない木だ。

◦以《もつ》て舟《ふね》を為《つく》れば則《すなは》ち沈《しづ》み、以《もつ》て棺槨《くわんくわく》を為《つく》れば則《すなは》ち速《すみや》かに腐《くさ》り、以《もつ》て器《うつは》を為《つく》れば則《すなは》ち速《すみや》かに毀《こは》れ、

この木で舟を作ると沈み、この木で棺桶を作るとすぐ腐り、この木で器を作るとすぐ壊れ、

以《もつ》て門戸《もんこ》を為《つく》れば則《すなは》ち液樠《えきまん》し、以《もつ》て柱《はしら》を為《つく》れば則《すなは》ち蠹《と》あり。

この木で門戸を作るとすぐにやにが一面にしみ出し、この木で柱を作るとすぐに木を食う虫がつく。

◦是《こ》れ不材《ふざい》の木《き》なり。

これは木材として役に立たない木だ。

◦用《もち》ふべき所《ところ》無《な》し。

使える部分がない。

◦故《ゆゑ》に能《よ》く是《かく》のごとく之寿《これじゅ》なり」と。

だからこんなにも長生きができたのだ」と。

◦匠石帰《しやうせきかへ》る。

匠石が帰宅した。

◦櫟社夢《れきしやゆめ》に見《あら》はれて曰《いは》く、「女将《なんぢは》た悪《なに》にか予《われ》を比《ひ》するや。

(その夜)櫟社が夢に現れて言うことには、「おまえはいったい何と私を比べているのか。

◦若将《なんぢは》た予《われ》を文木《ぶんぼく》に比《ひ》するや。

おまえはひょっとして私を役に立つ木と比べているのか。

◦夫《そ》れ柤梨橘柚果蓏《さりきついうくわら》の属《ぞく》、実熟《みじゆく》すれば則《すなは》ち剝《はぎと》られ則《すなは》ち辱《もぎと》られ、大枝《だいし》は折《を》られ小枝《せうし》は泄《ひ》かる。

そもそも(役に立つとおまえが思っている)柤や梨や橘や柚などの(実がつく)類いは、その実が熟すとむしり取られもぎ取られ、大枝はへし折られ小枝は引きちぎられる。

◦此《こ》れ其《そ》の能《のう》を以《もつ》て其《そ》の生《せい》を苦《くる》しむる者《もの》なり。

これらはその(人の役に立つという)能力があることで自分の命を苦しめているものである。

○故《ゆゑ》に其《そ》の天年《てんねん》を終《を》へずして、中道《ちゅうだう》にして夭《えう》し、自《みづか》ら世俗《せぞく》に掊撃《ほうげき》せらるる者《もの》なり。
だから自分の天寿を全うせずして、途中で早死にしてしまい、自分から世俗に攻撃されているのだ。

○物是《ものかく》のごとくならざるは莫《な》し。
(世の中の)物事でこのようでないものはない。

○且《か》つ予《われ》の用《もち》ふべき所《ところ》無《な》きを求《もと》むるや久《ひさ》し。
それに私は役に立たないものになろうと願って久しい。

○死《し》に幾《ちか》くして乃《すなは》ち今之《いまこれ》を得《え》、予《わ》が大用《だいよう》を為《な》す。
死に近づいてやっと今それを身に付け、(それで天寿を全うできるのだから)私にとっては大いに役立つことになっている。

○予《われ》をして用有《ようあ》らしめば、且《か》つ此《こ》の大有《だいあ》るを得《え》んや。
もし私に有用さを身に付けさせていたら、そもそもここまでの大きさになることができただろうか、いやできなかっただろう。

○且《か》つ若《なんぢ》と予《われ》と皆物《みなもの》なり。
それにおまえも私も同様に物なのだ。

○奈何《いかん》ぞ、其《そ》れ相《あ》ひ物《もの》とせんや。
(それなのに)どうして、相手(=櫟社)を物扱いしようというのか。

○而《しか》して死《し》に幾《ちか》きの散人《さんじん》、又《ま》た悪《いづ》くんぞ散木《さんぼく》を知《し》らんや」と。
そして(おまえのような)今にも死にそうな役立たずの人間に、いったいどうして役立たずの木(である私の真意)がわかるだろうか、いやわかりはしない」と。

【文章Ⅱ】

○三十《さんじふ》の輻《ふく》は一轂《いっこく》を共《とも》にす。

（車輪の）三十本の輻は一つの轂に集まっている。

○其《そ》の無《む》に当《あ》たりて車《くるま》の用《よう》有《あ》り。

その（轂の中に軸を通すための）空間があるからこそ車輪としての用をなすのである。

○埴《しょく》を埏《こ》ねて以《もっ》て器《うつは》を為《つく》る。

粘土をこねて器を作る。

○其《そ》の無《む》に当《あ》たりて器《うつは》の用《よう》有《あ》り。

その（器の中に）空間があるからこそ器としての用をなすのである。

○戸牖《こいう》を鑿《うが》ちて以《もっ》て室《しつ》を為《つく》る。

戸や窓にする穴を空けて部屋を作る。

○其《そ》の無《む》に当《あ》たりて室《しつ》の用《よう》有《あ》り。

その（部屋の中に）空間があるからこそ部屋としての用をなすのである。

○故《ゆゑ》に有《いう》の以《もっ》て利《り》を為《な》すは、無《む》の以《もっ》て用《よう》を為《な》せばなり。

こういうわけで形あるものが使い物になるのは、形のない部分が働きをしているからである。

出典

『荘子』…中国戦国時代の宋（?～前二八六）の思想家・荘子（荘《そう》周《しゅう》・生没年未詳）の作品を中心に道家の論説・寓話《ぐうわ》などを編集した書物。無為自然の道を説く老子の道家思想を受け継いでおり、老子と合わせて老荘思想と称される。

『老子』…中国春秋戦国時代の楚《そ》（?～前二二三）の思想家・老子（生没年未詳）の著書。老子は後に周の役人になったといわれる。

設問解説

問1【語句の読み】

(ア) **解答** ②

▽「已」には次の三つの読みがある。

- ○やム……動詞 訳 〝やむ・終わる〟（四段活用）
  〝やめる・終わりにする〟（下二段活用）
- ○すでニ…副詞 訳 〝すでに・もはや〟
- ○のみ……助詞 訳 〝～だけ〟

▽ここは、そのあとに「～勿かれ」という禁止の文が続いていることが決め手になる。〝これを言うな〟と言っているのだから、下二段活用「やむ」の命令形になっている②「やめよ」が最適。「矣」は置き字。「已矣」で「やんぬるかな」と読むこともあるが、その場合は〝もうだめだ・もはやこれまで〟という意味になる。

(イ) **解答** ⑤

▽「乃」は「すなはち」と読む。⑤が正解。①の「けだし」は「蓋」、②の「そもそも」は「抑」、③の「ことごとく」は「尽」「悉」、④の「つぶさに」は「具」と書く。いずれも読みが重要な語。

問2【語句の解釈】

(1) **解答** ①

▽「文木」が「散木」の対立語として用いられていることに気づけば容易に答えられる。「散木」は匠石が櫟社を評した語だが、匠石の言葉の内容からもわかる通り、その木で何を作ろうとしてもまともなものにならない、すなわち〝役に立たない木〟のこと。「不材之木」もほぼ同義で〝木材にならない木〟の意。波線部(1)の前の「若」は〝おまえ〟の意で匠石を指し、「予」は〝私〟の意で櫟社を指す。すなわち、波線部(1)を含む文は〝おまえは私を「文木」と比べ（て「散木」と言っ）たのか〟と解釈できる。よって正解は①「役に立つ木」。そのあとに「文木」の例として、実をつける「柤梨橘柚」が挙げられていることもヒントになる。

(2) **解答** ④

▽「奈何」は「如何」に同じで、「いかん」と読む。送り仮名「セン」を伴って〝どうしようか〟（疑問）〝どうしようもない〟（反語）の意、「ゾ」を伴って〝どうして〟の意で用いられる。ここは後者。

(3) **解答** ③

▽波線部(3)を含む最後の一文は、その前に挙げられた三つの具体例をまとめた文だが、二つ目の「器」の例が最もわかりやすいので、これを使って考えてみる。

　この器の例で述べられているのは、〈器の内側に目に見えない空間（＝無）があることで、器は器としての働き（＝用）をもつ〉ということ。

▽これを最後の一文にあてはめて考えてみる。

　後半にある「無」は器の例から〝目に見えない空間〟すなわち〈形のない空間〉と捉えられる。ということは、前半にある「有」は「無」の対立語なので、〈目に見えるもの、形のあるもの〉と捉えればよい。器の例でいえば、器そのものである。

▽以上を踏まえて、最後の一文をパーツごとに解釈してみる。

> 「故」…こういうわけで
> 「有之」…形あるもの（例 器）が
> 「以」…その形あるものとして
> 「為レ利」…［？］のは、
> 「無之」…形のない空間（例 器の内側）が
> 「以」…その空間として
> 「為レ用」…働きをするからである。

　このように考えると、［？］には〝使えるものになる〟〝有用性をもたらす〟〝役に立つ〟などという意味合いの言葉の入ることがわかる。よって正解は③。

問3 【内容把握】 解答 ②

▽まず、傍線部中の重要句形および重要語をチェックする。

- 「莫不」（二重否定）…訳〝〜（し）ないものはない〟
- 「若是」…訳〝このようである〟

この二点をおさえて傍線部を訳すと〝物はこのようでないものはない（＝すべてこのようである）〟となる。ポイントは「このよう」がどのようなのかということ。

▽通常、指示語は直前の内容を指しているので、傍線部の前の内容をまとめてみる。

> ・実がつく木（例 柤・梨・橘・柚）は実が熟すと実がもぎ取られ、枝も折られる。
> （一般論化）⇩
> ・「能」（＝人の役に立つ能力 例 食用となる実をつける能力）があることで「生」（＝自分の命）を苦しめている。
> （言い換え）⇩
> ・天寿を全うすることなく早死にするのは、自ら進んで世間に攻撃された結果である。

つまり、〈実がつく木のように他者の役に立つ能力があると早死にしてしまう〉ということ。この内容を的確に捉えた②が正解。①は「その能力が高いほど」の部分が不適。能力が高いか低いかは問題にしていない。③は「能力のあるなしにかかわらず」、④は「能力とは関係ない」の部分が不適。本文の〈「能」があるから早死にする〉という内容と矛盾する。⑤は「能力が正当に評価されない」の部分が不適。能力の評価については問題にしていない。

問4 【返り点&書き下し文】 **解答** ⑤

▽まずは、傍線部最初の「使」に注目する。このような書き下し文の問題で「使」があったら、ほぼ一〇〇パーセント、「〇〇をして〜しむ」と読む使役の句形と考えてよい。

①・④「予を使ふ」→使役の読みになっていないので×
②・③・⑤「予をして有用たらしむるも／有用たらしめば／用有らしめば」→使役の読みになっているので○

▽次に、文末の「邪」に注目する。「邪」は文末に用いられると「や・か」と読み、疑問文・反語文を作る働きをする。

③「得るなり」→「邪」の読みがないので×
②「有らんや」・⑤「得んや」→「邪」の読みがあるので○

→②・⑤が残る。「也」には置き字の用法もあるので、訓読しなくても構わない。

▽最後に「且」について吟味する。主な読み方は次の三つ。

(1)まさニ〜（ント）す… 訳 〝今にも〜しようとする〟（再読文字「将」に同じ）
(2)かツ… 訳 〝その上〟〝そもそも〟
(3)しばラク… 訳 〝しばらく・ひとまず〟

②は(1)の読み方になっているが、この読み方に従って訳してみると〝今にも得ようとするのはこの大きさにあるのだろうか、いやない〟となり、文脈が通じない。

⑤は(2)の読み方になっているが、文頭から訳してみると〝私を用があるように（＝役に立つように）させていたら、そもそもこの大きさがあるのを得た（＝これほどの大きさになることができた）だろうか、いやできなかっただろう〟となる。実をつけるがゆえに早死にする木々を引き合いに出し、〈人の役に立たないおかげで長生きできる〉と主張している文脈にも合致する。

ワンポイント・アドバイス

返り点のつけ方・書き下し文のセット問題の場合、通常、返り点はその読みの順になるようにつけてある。よって、吟味すべきは書き下し文についての選択肢。傍線部内の重要句形と重要語に注目し、さらに文脈とも照らし合わせながら選択肢を絞っていく。

問5 【内容把握】 解答 ③

目のつけどころ

＊「幾死之散人」とは誰のこと？
＊「悪くんぞ〜んや」は何の句形？

▽この部分は前半の「幾死之散人」が主部にあたり、後半の「又悪知散木」が述部にあたるという構造である。「悪」は「いづクンゾ」と読んでいるので、ここは「安」と同じ疑問詞と考える。さらに文末が「ソヤ」で終わっているので、反語の句形である。よって、後半部の解釈は〝いったいどうして散木を知っている（わかる）か、いや知らない（わからない）だろう〟となる。

では、散木のことをわかっていない「散人」とは誰のことか。この部分は櫟社が匠石を批判している部分である。そこから、櫟社が匠石を「散人」と称しているのだろうと見当がつくはず。一般に人間は樹木よりも短命であるが、おそらく匠石はすでにある程度の年齢と考えられる。そこから櫟社は「幾死」と言っているのである。

これらを踏まえて傍線部を解釈すると〝死に近い散人（であるおまえ＝匠石）が、いったいどうして散木（である私＝櫟社）のことがわかるだろうか、いやわかりはしない〟となる。すなわち、その前で櫟社が述べた〈人の役に立たないからこそ長寿を得られる〉という考えは散人のおまえには理解できないと言っているのである。それもわからずに偉そうに木材としての有用性を批評した匠石に腹を立て、一言物申そうと夢の中に出てきたという設定である。

↓以上の内容を的確に捉えている選択肢は③。前半の「自分が同じように物であること」は、本文8行目「若与予皆物也」の部分に相当する。この点に匠石が気づいていないということについても、櫟社は批判している。

▽他選択肢の内容も吟味しておく。

①人も木も同じように物であるということを**わかっていながら、**櫟社を見下して**自分の有用さを誇示した匠石**の態度を批判

↓「人も木も〜」について匠石はわかってはいない。また、匠石の言葉には自分の有用さを誇示する内容もない。

②櫟社が長い年月を神木として生きることができたのには**深遠な理由**がある

↓櫟社は自分の神木たる理由を述べてはいない。

④**自分の命が今にも尽きようとしている**ことにもまったく気づかず……匠石を**哀れんでいる**。

↓匠石の死期が近いということは本文からは読み取れない。また、「悪知散木」は「哀れんでいる」という内容でもない。

⑤なぜ尊敬の念をいだかないのかを**問いただしている**。

↓「悪知散木」は「問いただす」という内容ではない。

問6　【二つの文章の比較】　解答　②

目のつけどころ

＊全選択肢で取り上げられている「無用の用」の意味は？
＊二つの文章における「無用の用」の共通点または相違点は？

▽「無用の用」はことわざや故事成語としてよく知られている言葉で、〝役に立たないと思われるものが、かえって大いに役立つこと〟をいう。万一この言葉を知らなくても、【文章Ⅰ】で櫟社が、〈自分は人の役に立たないように生きてきたが、そのおかげで長寿を得られた〉と言っていることが読み取れれば、「無用の用」の意味は推測できるだろう。これを踏まえて、それぞれの文章において、⑴「役に立たないと思われるもの」が⑵「どのように役立っているのか」をまとめてみる。

【文章Ⅰ】
⑴…何を作ろうにもろくな代物にならない櫟社の性質
⑵…櫟社自身が天寿を全うするのに役立つ

【文章Ⅱ】
。例1
⑴…轂の中の空間
⑵…軸を通すのに役立つ→車輪として使い物になる
。例2
⑴…器の中の空間
⑵…物を入れるのに役立つ→器として使い物になる
。例3
⑴…部屋の中の空間
⑵…そこで生活したり物を収めたりするのに役立つ
→部屋として使い物になる

▽このまとめから、【文章Ⅰ】は〈他者の役に立たないという自分の性質が、自分自身にとって役に立つ〉という内容、【文章Ⅱ】は〈何もない空間が存在してこそ、そのものが人の使うものとして役に立つ〉という内容になっていることがわかる。この相違点を的確に説明した②が正解。

①【文章Ⅰ】の内容の捉え方が不適。櫟社は「自身の用なる部分を活かし切れず無に帰してしまっ」てはいない。

③【文章Ⅰ】では「固定観念にしばられることの危険性」については述べられていない。また【文章Ⅱ】の内容として「自身の有用さを無用として内に留めておく」は誤り。

④【文章Ⅰ】【文章Ⅱ】ともに同様の内容が書かれているとした点が誤り。また、【文章Ⅰ】で櫟社は、自分の中に「無用な部分」があったから長寿を得た、とは言っていない。

⑤【文章Ⅰ】【文章Ⅱ】ともに同様の内容が書かれているとした点が誤り。どちらの文章の内容にもあてはまらない説明になっている。

大学受験 SUPER LECTURE

大学入学

共通テスト

別冊問題

古文・漢文　集中講義

旺文社

もくじ

古文

漢文

古文

第1章

知識の整理

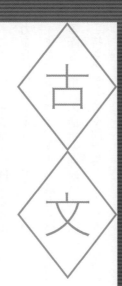

古文第1章では、共通テストに対応するために必要な知識が身に付いているかどうか、基本的な問題を用いて確認していきます。確認するのは次の四項目。いずれも、文章題に取り組む前におさえておくべき基礎知識です。

◦文法 ―助動詞―
◦文法 ―助詞―
◦敬語
◦和歌の修辞法

このほか、重要単語に関する知識ももちろん必要です。重要単語集などを用いて、各自、入試古文に必要な単語力を身に付けるようにしてください。

また、本書では、文法の最も基礎的な内容である用言の活用については、特別に紙面を割いていません。解説する際も、用言の活用が理解できていることを前提に行っています。用言の活用がまだマスターできていない人は、手持ちの参考書や問題集などで基本をしっかりおさえた上で本書を利用してください。

❖共通テスト古文に必要な文法は？

従来のセンター試験では、文法単独の問題（ほとんどが識別問題）もしくは敬語に関する問題が、必ず一問は出題されました。しかし共通テストでは、文法または敬語だけの設問が姿を消し、**語句や文法の知識をもとにした解釈または内容把握を問う問題**が出題されています。一例として22年度共通テストでの出題を見てみましょう。

問2 傍線部A「つつましき御思ひも薄くやありけむ、なほひたぶるにいぶせくてやみなむは、あかず口惜しと思《おぼ》す」の語句や表現に関する説明として最も適当なものを、次の①〜⑤のうちから一つ選べ。

① 「つつましき御思ひ」は、兄である院と久しぶりに対面して、気恥ずかしく思っている斎宮《さいぐう》の気持ちを表している。
② 「ありけむ」の「けむ」は過去推量の意味で、対面したときの斎宮の心中を院が想像していることを表している。
③ 「いぶせくて」は、院が斎宮への思いをとげることができずに、悶々《もんもん》とした気持ちを抱えていることを表している。
④ 「やみなむ」の「む」は意志の意味で、院が言い寄ってくるのをかわそうという斎宮の気持ちを表している。
⑤ 「あかず口惜し」は、不満で残念だという意味で、院が斎宮の態度を物足りなく思っていることを表している。

文法事項に言及している選択肢は②・④のみです。④は、四段活用の「やみ（止む）」は自動詞なので「む」が意志の意味ではおかしいとわかれば不適と判断できますが、②は、「けむ」についての記述は正しく、①・③・⑤と同じように話の内容に関する記述で正誤を判断するしかありません。つまり、この新傾向の設問は文法の知識だけでは解けず、文脈把握力が要求されるのです。しかし、だからといって文法が重要ではないとはいえません。

文法の知識は**語句問題や解釈問題を解く上で必要となる**ことが多くあります。たとえば21年度共通テストでの出題ですが、問1の語句問題で「里に出でなば」の解釈が問われました。選択肢は以下です。

① 自邸に戻ったときには　② 旧都に引っ越した日には　③ 山里に隠棲《いんせい》するつもりなので
④ 妻の実家から立ち去るので　⑤ 故郷に帰るとすぐに

「里」がどこのことなのかもポイントなのですが、まずは「出でなば」の**「なば」に注目**して選択肢を絞ります。「な」は**完了の助動詞「ぬ」の未然形**で、その下に**接続助詞の「ば」**があります。**「未然形＋ば」**は順接仮定条件を表し、**〝もし〜ならば〟**と訳します。その時点で、「〜ので」「〜とすぐに」と訳している③・④・⑤は削除できます。

①の「〜たときには」、②の「〜た日には」という表現は、「仮にそうしたとき（日）には」と解釈できるので、「未然形＋ば」の訳し方のオプションと考えて差し支えありません。あとは「里」が〝自分の家・実家〟を指すということがわかれば、簡単に答えは出ます。万一、「里」についての知識がなくても、前後の文脈から考えて②の「旧都」ではおかしいということがわかります。しかし、**「な」が何かわからなかったり、「未然形＋ば」の知識がなかったりすると誤答を選択してしまう**可能性はおおいにあります。

さらに、もう一つの例。これも21年度共通テストでの出題です。問4で登場人物について説明した選択肢の正誤が問われました。選択肢の④は進内侍《じんのないし》という人が妻を亡くした藤原長家に贈った「契りけん千代は涙の水底《みなそこ》に枕ばかりや浮きて見ゆらん」という歌の内容について言及したもので、後半が「自分も枕が浮くほど涙を流していると嘆く歌を贈った。」となっていました。和歌中の**係助詞「や」**、**助動詞「らん」**に気づけば、「自分も」の部分が誤りだとわかります。「や」は**疑問・反語**を表し（ここでは疑問）、「らん（らむ）」は**〝（今ごろは）〜ているだろう〟**と訳す**現在推量**を表しますが、「今ごろ自分は枕が浮くほど涙を流しているのだろうか」ではおかしな意味になります。進内侍はこの和歌で、自分自身のことではなく、長家の悲しみを思いやって「今ごろあなたは枕が浮くほど涙を流しているのだろうか」と詠んでいるのです。

このように、文法は共通テストにおいても点数直結の重要なポイントになり得ます。少なくとも、用言の活用に加え、**主要助動詞の意味・接続・活用**、**主要助詞の用法**はおさえておいたほうがよいでしょう（敬語については後述します）。この「古文第1章・知識の整理」では、主要な助動詞、助詞について穴埋め形式で基本的な事項を確認したのち、身に付けた知識が本当に使えるものになっているかをチェックできるように、センター試験の過去問題を使用した実戦問題が設けられています。しっかりと**〝使える文法力〟**を身に付けてください。

❖共通テストでも敬語は重要！

センター試験では、敬意の対象に関する敬語問題がよく出題されていました。しかし、先に述べたように、21年度・22年度共通テストおよび二回の試行調査（17・18年度実施）において敬語単独での出題がなかったことから、今度も敬語に関する単独問題はないだろうと考えられます。しかし、この敬語についても、単独での出題がないからといって重要度が下がったとはいえません。たとえば、次を見てください。先ほども挙げた21年度共通テスト問1の語句問題で、「めやすくおはせしものを」の部分の解釈が問われています。選択肢は以下です。

① すばらしい人柄だったのになあ　② すこやかに過ごしていらしたのになあ
③ 感じのよい人でいらっしゃったのになあ　④ 見た目のすぐれた人であったのになあ
⑤ 上手におできになったのになあ

まず、「おはせ」が**尊敬動詞「おはす」**であることに気づけば、尊敬の解釈になっていない①・④が外せます。「おはす」は**〝いらっしゃる〟**と訳し、尊敬の本動詞および補助動詞の用法があります。あとは、形容詞「めやすく（めやすし）」の意味がわかっていれば②・⑤が外せ、③が正答として残ります。重要単語「めやすし」とともに尊敬語「おはす」についての知識も、選択肢を絞る上での重要なポイントになっているのです。

このように、**語句・文法・内容の複合問題（新傾向問題）や、解釈問題などを解く際にも、敬語の知識の有無がものを言う**場合があります。また、設問に直接関わらなくても、**全体の話の流れをつかんだり、省略された主語を捉えたりする上でも敬語の知識は必要**です。この「古文第1章・知識の整理」では、重要な敬語動詞の意味・用法、敬意の対象に関するルールを穴埋め形式で確認したのちに、センター試験の過去問題を使って応用力を養います。

❖和歌の修辞法については基本知識のみでＯＫ！　あとは前後の文脈把握力！

和歌は苦手、と思っている受験生は多いと思います。しかし、和歌問題から逃げてはいけません。22年度共通テストでは、本文に和歌が一首含まれており、和歌そのものに関する直接的な設問はなかったものの、二つの文章を比較する最後の設問にその和歌の解釈が関わっていました。21年度共通テストでは、本文になんと四首もの和歌が含まれていました。それだけでなく、設問中にさらにもう一首の和歌が提示されました。試行調査では第1回と第2回の両方に、また2010年度以降のセンター試験本試験では、19年度、17年度、15年度、13年度、12年度、10年度に和歌を含む文章が出題されました（試行調査第2回では設問中の資料として）。この出題頻度を見ても、今後、共通テストにおいて和歌が出題される可能性は高いといえます。

その出題頻度の高い和歌問題に対して、何か特別な対策が必要なのでしょうか。「特別に」ということであるなら、**和歌の修辞法**をおさえておくことくらいです。ただし、その和歌に用いられている修辞をすべて詳細に説明できるというレベルまで精通する必要はまったくありません。掛詞《かけことば》、序詞《じょことば》などの**修辞がどういうものなのかが理解できていれば十分**です。共通テストにおいては、**和歌の成立事情や内容**を問う設問がほとんどで、修辞法に関して深く突っ込んだ選択肢が提示されることは極めてまれと考えてよいでしょう。

先ほど、「『特別に』ということであるなら」と前置きをしました。では、「特別」ではない対策として何が必要か。それは**和歌の前後の文脈をつかむ力を身に付ける**ということです。それに尽きます。和歌は当時の人々にとって、自分の気持ちを表現する、または相手に伝える手段の一つでした。もちろん和歌そのものの意味内容をつかむことも必要ですが、**誰が、どのような経緯で、どのような気持ちを和歌に詠んだのか**、つまり**和歌の成立事情**を捉えることは設問を解く上でのとても大事なポイントになります。

たとえば、17年度のセンター試験で、本文中の和歌X・Yの説明として最も適当なものはどれか、という出題がありました。五つの選択肢それぞれで二首の和歌について説明がされているのですが、和歌を解釈し、その内容だけで選択肢を選ぼうとするとかなり難しく、時間もかかってしまいます。実はこの設問は、和歌Yの直前に詠み手の会話文があり、その内容が選択肢を選ぶ上での大きなポイントになっていました。つまり、和歌Yの**成立事情を捉えることが正答へたどり着く一番の近道**だったのです（設問の詳細については過去問集で確認してください）。

もちろん、このように簡単に解ける問題ばかりではありません。和歌そのものの解釈も含めての選択肢吟味が要求される出題もあります。しかし、和歌そのものの解釈に関しても、**和歌の成立事情がつかめていれば、誰のどのような気持ちが詠まれているのかについてのある程度の推測は可能**です。

まずは、この「古文第1章・知識の整理」で和歌の修辞法についての基本知識を身に付けましょう。あとは、通常の文章問題で文脈把握力を養っていく。そうしていけば、苦手だった和歌問題もすんなり解けるようになります。

では、ここから知識の整理をしていきましょう。基礎力チェックの解答は同ページ下段、実戦問題の解答・解説は、本冊10ページ以降に載っています。

☞ 次ページの問題へGO！

文法 ―助動詞― これだけは！

基礎力チェック 空欄に適語を入れよ（解答は下欄に記載）。

1 き・けり…過去「～た」

接続 どちらも①（　　）形に接続。「き」はカ変動詞・サ変動詞に接続する場合は未然形にも接続。

活用 「き」の活用のしかたは【②（　　）／〇《マル》／き／③（　　）／④（　　）／〇《マル》】と暗記する。

備考 「けり」には過去の意味のほか、「～だなあ」と訳す⑤（　　）の意味もある。和歌中や「なりけり」の形で用いられる場合が多い。

2 つ・ぬ…完了「～た・てしまう」強意「きっと～」

接続 どちらも①（　　）形に接続。

活用 「つ」は下二段のパターンで【②（　　）／て／つ／③（　　）／つれ／てよ】と活用する。「ぬ」はナ変のパターンで【な／④（　　）／ぬ／ぬる／ぬれ／⑤（　　）】と活用する。

備考 下に「む」「べし」「らむ」など推量グループの助動詞を伴い「てむ」「つべし」「つらむ」「なむ」「ぬべし」「ぬらむ」となる場合は⑥（　　）の意味になる。特に「なむ」は識別問題でも重要。

3 たり・り…完了「～た・てしまった」存続「～ている・てある」

接続 「たり」は①（　　）形に、「り」はサ変動詞の②（　　）形、四段動詞の③（　　）形に接続。

活用 どちらもラ変のパターンで活用する。特に「り」の連体形「④（　　）」は識別問題でも重要。

---

1 ①連用 ②せ ③し ④しか ⑤詠嘆
2 ①連用 ②て ③つる ④に ⑤ね ⑥強意
3 ①連用 ②未然 ③已然（命令） ④る

4 **る・らる…受身**「〜れる」**可能**「〜できる」**自発**「自然に〜れる」**尊敬**「〜なさる」

接続 どちらも①（　　　）形に接続する。

活用 どちらも下二段のパターンで活用する。

備考 意味の判別ポイントは以下。ただし、あくまでも目安なので、きちんと訳してみて判断すること。

- ○上に「誰々（何々）に」にあたる語がある（補える）→②（　　　）　例 寝たる足を狐《きつね》に食は**る**。
- ○下に打消の語、または反語文中で用いられている→③（　　　）　例 男はた寝**られ**ざりければ、
- ○上に心理活動を表す動詞がある→④（　　　）　例 けふは都のみぞ思ひやら**るる**。
- ○上に尊敬動詞がある、または主語が貴人である→⑤（　　　）　例 あるやむごとなき人仰せ**られ**き。

5 **す・さす…使役**「〜させる」**尊敬**「〜なさる」

接続 どちらも①（　　　）形に接続する。

活用 どちらも下二段のパターンで活用する。

備考 「給《たま》ふ」「おはします」などの尊敬動詞を伴う場合は②（　　　）の意味になることが多い。

6 **む（ん）・むず（んず）…推量**「〜だろう」**意志**「〜う・よう」など

接続 どちらも①（　　　）形に接続する。

活用 「む」は已然形の「②（　　　）」を覚えておく。「むず」はサ変のパターンで活用する。

備考 推量・意志のほか、**適当・勧誘**「〜のがよい・しませんか」**仮定・婉曲《えんきょく》**「〜としたらそのような・〜ような」の意味がある。主語が一人称の文中では③（　　　）の意味、三人称の文中では推量の意味になりやすい。また、下に体言を伴う（または補える）場合は④（　　　）の意味になりやすい。

---

4 ①未然 ②受身 ③可能 ④自発 ⑤尊敬
5 ①未然 ②尊敬
6 ①未然 ②め ③意志 ④仮定・婉曲

7 **べし…推量**「〜だろう」**意志**「〜う・よう」など

接続 ①（　　）形に接続する。ただし、ラ変型の活用語には連体形に接続する。

活用 ②（　　）詞のパターンで活用する。カリ活用があることに注意。

備考 推量・意志のほか、**適当**・**勧誘**・**命令**、**当然**・**義務**、**可能**などの意味がある。

8 **その他の推量（推定）グループの助動詞**　※意味は主なものを記載した。

。**らむ→現在推量**「(今ごろは)〜ているだろう」／①（　　）形（ラ変型には連体形）に接続。

。**けむ→過去推量**「〜ただろう」／②（　　）形に接続。

。**めり→推定**「(見たところ)〜ようだ」／③（　　）形（ラ変型には連体形）に接続。

。**なり→推定**「〜らしい」・**伝聞**「〜ということだ」／④（　　）形（ラ変型には連体形）に接続。

。**まし→反実仮想**「もし〜だとしたら〜だろうに」／⑤（　　）形に接続。

9 **ず…打消**「〜ない」

接続 ①（　　）形に接続する。

活用 連体形の「②（　　）」、已然形の「③（　　）」（「ざる」「ざれ」以外）は識別問題でも重要。

10 **じ・まじ…打消推量**「〜ないだろう」**打消意志**「〜ないつもりだ」など

接続 「じ」は①（　　）形、「まじ」は②（　　）形（ラ変型には連体形）に接続する。

活用 「じ」は無変化型。「まじ」は③（　　）詞のパターンで活用する。カリ活用があることに注意。

備考 「じ」は打消推量・打消意志の意味のみ。「まじ」はほかに**打消当然**、**禁止**、**不可能推量**など複数の意味をもつ。

---

7 ①終止 ②形容

8 ①終止 ②連用 ③終止 ④終止 ⑤未然

9 ①未然 ②ぬ ③ね

10 ①未然 ②終止 ③形容

11 **なり…断定**「～だ・である」 **存在**「～にいる・にある」

接続　①（　　）言または②（　　）形に接続する。推定「なり」との識別が必要。

活用　形容動詞のパターンで活用する。特に連用形の「③（　　）」（「なり」以外）は識別問題で重要。

12 **まほし…願望**「～たい・てほしい」

接続　①（　　）形に接続する。

活用　②（　　）詞のパターンで活用する。カリ活用があることに注意。

※ほかに、しむ（使役）・らし（推定）・たし（願望）・ごとし（比況）・やうなり（比況）などがあるが、重要度が低いので省略した。

---

11 ①体　②連体　③に　**12** ①未然　②形容

実戦問題（解答・解説は本冊10ページ）

1 傍線部a～dの文法的説明の組合せとして正しいものを、あとの①～⑤のうちから一つ選べ。

。かの宮人つぶさに聞きて、「……我よくこととり申さん」と、うけがは a れたるに、

。絃《げん》一筋ある琴 b なりき。　。玉の小琴にかけ c にけるかも　。調べ給へ d るよりはじまりて、

	a	b	c	d
①	受身の助動詞	断定の助動詞	完了の助動詞	動詞の活用語尾
②	尊敬の助動詞	伝聞の助動詞	格助詞	動詞の活用語尾
③	受身の助動詞	伝聞の助動詞	断定の助動詞	完了の助動詞
④	尊敬の助動詞	断定の助動詞	格助詞	動詞の活用語尾
⑤	尊敬の助動詞	断定の助動詞	完了の助動詞	完了の助動詞

2 傍線部**a**～**d**の文法的説明の組合せとして正しいものを、あとの①～⑤のうちから一つ選べ。

。三条殿、「限り**a**なめり」と、
。大将殿も聞き給ひて、「……」と、驚か**b**れ給うて、
。「……『限り』とのたまひは**c**てば、さて試みむ。……」と、
。言ひ知ら**d**せ奉り給ふ。

①	**a** 断定の助動詞	**b** 受身の助動詞	**c** 完了の助動詞	**d** 使役の助動詞
②	**a** 形容動詞の活用語尾	**b** 受身の助動詞	**c** 完了の助動詞	**d** 尊敬の助動詞
③	**a** 断定の助動詞	**b** 自発の助動詞	**c** 完了の助動詞	**d** 使役の助動詞
④	**a** 形容動詞の活用語尾	**b** 自発の助動詞	**c** 動詞の活用語尾	**d** 尊敬の助動詞
⑤	**a** 断定の助動詞	**b** 自発の助動詞	**c** 動詞の活用語尾	**d** 使役の助動詞

3 傍線部**a**～**e**の助動詞を、意味によって三つに分けた場合の組合せとして正しいものを、あとの①～⑤のうちから一つ選べ。

。目馴《な》れ給は**a**ぬものから、をかしと見給ふ。
。これも尼**b**にやあらむ、
。何ばかりの心をおこしてかくはそむき**c**ぬらむと、
。「いざ、とく臥《ふ》し給ひ**d**ね」とて、
。夢なら**e**ぬ御枕上《まくらがみ》につと添ひたる御心地して、

① 〔**a**〕と〔**b c e**〕と〔**d**〕
② 〔**a**〕と〔**b e**〕と〔**c d**〕
③ 〔**a c e**〕と〔**b**〕と〔**d**〕
④ 〔**a d**〕と〔**b**〕と〔**c e**〕
⑤ 〔**a e**〕と〔**b**〕と〔**c d**〕

文法 ―助詞― これだけは！

基礎力チェック 空欄に適語を入れよ（解答は下欄に記載）。

1 重要な格助詞

◎ **の…主格・連体修飾格・体言の代用・同格**

意味・用法　重要な働きは以下の四つ。主語を表し「①（～　　）」と訳す主格の働き。下の体言（名詞）を修飾し「～の」と訳す連体修飾格の働き。「②（～　　）」と訳す体言の代用（準体格）の働き。前後に示されるものが同一のものであることを表し「③（～　　）」と訳す同格の働き。

2 重要な接続助詞

◎ **ば…順接仮定・順接確定**

意味・用法(1)　「①（　　）形＋ば」で順接仮定条件を表し、訳し方は「もし～ならば」。

意味・用法(2)　「②（　　）形＋ば」で順接確定条件を表し、原因・理由を表す「③（～　　）」、偶然そのことが起こったことを表す「～と・たところ」の二つの訳し方が重要。

◎ **ど・ども…逆接確定**

意味・用法　どちらも④（　　）形に接続して「～が・けれども」と訳す。

◎ **とも…逆接仮定**

意味・用法　⑤（　　）形（形容詞には連用形）に接続して「（たとえ）～ても」と訳す。

◎ **で…打消接続**

※訳し方は同義可

1
①が
②のもの
③で

2
①未然
②已然
③ので
④已然
⑤終止

意味・用法　⑥（　　　）形に接続して「⑦（～　　　）」と訳す。「で」＝「ず＋て」と覚えておく。

3 重要な副助詞

◎だに…類推・最小限の希望

意味・用法　「①（～　　　）」と訳す類推の働きと、「せめて～だけでも」と訳す最小限の希望を表す働きがある。

◎し…強意

意味・用法　強意の意を表し、特に訳出はしない。「し」単独で用いられるほか、「し」に係助詞「も・ぞ」が接続し「②（　　　）・しぞ」の形で用いられることも多い。サ変動詞「す」の③（　　　）形、過去の助動詞「き」の④（　　　）形との識別が必要。

4 重要な係助詞

◎や（やは）・か（かは）…疑問・反語

意味・用法　係り結びを作り、結びの語は①（　　　）形になる。疑問または反語の意味を表す。そのどちらで訳すかは文脈で判断する。「やは・かは」は②（　　　）の意味になることが多い。

◎ぞ・なむ…強意

意味・用法　係り結びを作り、結びの語は③（　　　）形になる。強意を表す。係助詞「も」に「ぞ」が接続した「もぞ」は危ぶむ意を表し「④（～　　　）」と訳す。

◎こそ…強意

意味・用法　係り結びを作り、結びの語は⑤（　　　）形になる。強意を表す。「もこそ」も「もぞ」と同

---

⑥未然
⑦ないで

3
①さえ
②しも
③連用
④連体

4
①連体
②反語
③連体
④するといけない
⑤已然

様の訳し方をする。

5　重要な終助詞

◎**そ…禁止**

意味・用法　副詞「①（　　）」と呼応して禁止の意味を表す。

◎**ばや…自己の願望**

意味・用法　②（　　）形に接続して自己の願望を表し、「③（～　　）」と訳す。

◎**なむ…他に対する願望**

意味・用法　④（　　）形に接続して他に対する願望（あつらえ望む気持ち）を表し、「⑤（～　　）」と訳す。「なむ」の識別問題でも重要。

※ほかに**願望**の意を表す終助詞として**「もがな」「てしが（てしがな）」「にしが（にしがな）」**がある。解釈問題で関わる可能性があるので覚えておこう。

5
①な
②未然
③たい
④未然
⑤てほしい

実戦問題

（解答・解説は本冊12ページ）

1　傍線部「しるく言ひ出《い》づることのかなはで」の解釈として最も適当なものを、あとの①～⑤のうちから一つ選べ。

（民部《みんぶ》が弁君《べんのきみ》の乳母《めのと》に）聞こゆるやう、「さればよ。さること（＝自分と弁君とが深い仲にあったこと）侍《はべ》りしを、よろづ世の中のつつましさにしるく言ひ出づることのかなはでうち過ぐし、そこにさへ知らせ侍らざりしを、……」

①　大胆に告白することを我慢して

②　はっきり言い出すことができないで

③ すすんで口に出すことがはばかられて　　④ 懸命にお願いしたかいもなく

⑤ うまく言葉で伝えるのが難しくて

2 「(書道を好む田舎者の鷹《たか》飼いが) 山城の大都(=京都)に上りて、高き手ぶりをも見あきらめばやと、ゆくりなく思ひおこして」の傍線部の解釈として最も適当なものを、次の①～⑤のうちから一つ選べ。

① 高度な書法をも自分の目で見つけたいものだ　　② 高貴な書風をも気のすむまで見られるだろう

③ 高名な筆さばきをも正しく見分けられるだろうか　　④ 高尚な筆運びをもまねてから見切りをつけよう

⑤ 高雅な筆づかいをもはっきりと見きわめたい

3 傍線部**a**～**h**の「し」のうち、サ行変格活用動詞・形容詞の一部・過去の助動詞、の**いずれでもないもの**が二つある。その組合せとして正しいものを、あとの①～⑤のうちから一つ選べ。

。かの人の入りに**a**し方に入れば、塗籠《ぬりごめ》あり。

。「あな、おそろ**b**し。音**c**し給へ」とのたまふ。

。かうあさましき住まひ**d**し侍れば、

。君、「『うときより』と**e**しもいふなれば、おぼつかなきこそ頼も**f**しかなれ。……」などのたまふ。

。「……。誰《たれ》と聞こえ**g**し」などのたまふ。

。琴を、いとほのかにかき鳴ら**h**してゐたれば、

① **a**と**d**　② **b**と**e**　③ **c**と**f**　④ **d**と**g**　⑤ **e**と**h**

敬語　これだけは！

基礎力チェック　空欄に適語を入れよ（解答は下欄に記載）。

1 たまふ（給ふ）

(1) ①（　　　）の本動詞「お与えになる・下さる」　例 かづけ物**給ふ**。

(2) ②（　　　）の補助動詞「〜なさる・お〜になる」　例 泣き**給ふ**。

(3) ③（　　　）の補助動詞「〜ます・ております」　例「…夢を見**給へ**しかな。」

※(3)の「給ふ」はハ行下二段に活用し、会話文中で用いられる。主に「思ふ・見る・聞く・知る」の連用形に接続し、丁寧語的な訳し方のほうが自然になることが多い。

2 おはす・おはします

(1) 尊敬の本動詞「①（　　　）・おいでになる」　例 竹の中に**おはする**にて知りぬ。

(2) ②（　　　）の補助動詞「〜なさる・ていらっしゃる」　例 この帝《みかど》は、顔形よく**おはしまし**て、

3 たてまつる（奉る）

(1) ①（　　　）の本動詞「召し上がる・お召しになる・お乗りになる」　例 壺《つぼ》なる薬**奉れ**。

(2) ②（　　　）の本動詞「③（　　　）・献上する」　例 公《おほやけ》（＝帝）に御文**奉り**給ふ。

(3) ④（　　　）の補助動詞「〜申し上げる・お〜する」　例 かぐや姫を養ひ**奉る**こと、

※(1)の意味で用いられることはそれほど多くない。まずは「奉る＝謙譲」と覚えておこう。

※「たてまつる」に謙譲の意味を強める働きをする助動詞の「す」が接続して一語化した「たてまつらす」（サ行下二段）もある。右の(2)・(3)の意味をもつ。

※訳し方は同義可

1 ①尊敬　②尊敬　③謙譲

2 ①いらっしゃる　②尊敬

3 ①尊敬　②謙譲　③さし上げる　④謙譲

4 はべり（侍り）・さぶらふ（候ふ）

(1) ①（　　　）の本動詞「おそばに控える・お仕えする・伺候《しこう》する」
例 宮の御前近く**候ひ**て、

(2) ②（　　　）の本動詞「③（　　　）・あります・おります」
例 なんの悔いか**侍ら**む。

(3) ④（　　　）の補助動詞「〜です・ます・ございます」
例 花の散り**侍り**けるを見て、

5 その他の重要な敬語

◦のたまふ（宣ふ）・のたまはす（宣はす）…①（　　　）の本動詞「おっしゃる」

◦おほす（仰す）…②（　　　）の本動詞「おっしゃる・お命じになる」

◦おぼす（思す）・おぼしめす（思し召す）…尊敬の本動詞「③（　　　）」

◦きこしめす（聞こし召す）…尊敬の本動詞「④（　　　）・召し上がる」

◦ごらんず（御覧ず）…⑤（　　　）の本動詞「ご覧になる」

◦まゐる（参る）・まうづ（詣づ）…⑥（　　　）の本動詞「参上する・参詣《さんけい》する」

◦まかる（罷る）・まかづ（罷づ）…⑦（　　　）の本動詞「退出する・都から地方に下る」

◦まゐらす（参らす）…謙譲の本動詞「⑧（　　　）」／⑨（　　　）の補助動詞「〜申し上げる」

◦きこゆ（聞こゆ）・きこえさす（聞こえさす）…⑩（　　　）の本動詞「⑪（　　　）」／謙譲の補助動詞「〜申し上げる」

◦そうす（奏す）…⑫（　　　）の本動詞「〔⑬（　　　）や上皇・法皇に〕申し上げる」

◦けいす（啓す）…⑭（　　　）の本動詞「〔皇后・皇太子などに〕申し上げる」

◦たまはる（賜る）…謙譲の本動詞「⑮（　　　）」

4
①謙譲
②丁寧
③ございます
④丁寧

5
①尊敬
②尊敬
③思いなさる
④聞きなさる
⑤尊敬
⑥謙譲
⑦謙譲
⑧さし上げる
⑨謙譲
⑩謙譲
⑪申し上げる
⑫謙譲
⑬天皇
⑭謙譲
⑮いただく

◦うけたまはる（承る）…⑯（　　　）の本動詞「お聞きする・お受けする」
◦つかまつる（仕る）・つかうまつる（仕うまつる）…謙譲の本動詞「⑰（　　　）・いたす」

6　敬意の方向

◦地の文中の尊敬語…書き手（作者）から、動作の①（　　　）に対する敬意を表す。
◦地の文中の謙譲語…書き手（作者）から、動作の②（　　　）に対する敬意を表す。
◦地の文中の丁寧語…書き手（作者）から、読み手（読者）に対する敬意を表す。
◦会話文中の尊敬語…話し手から、動作の③（　　　）に対する敬意を表す。
◦会話文中の謙譲語…話し手から、動作の④（　　　）に対する敬意を表す。
◦会話文中の丁寧語…話し手から、⑤（　　　）に対する敬意を表す。

実戦問題

（解答・解説は本冊13ページ）

1　傍線部a～cの敬語についての説明として正しいものを、あとの①～⑤のうちから一つ選べ。

◦兵衛佐《ひやうゑのすけ》、（兵部卿宮《ひやうぶきやうのみや》に）申しけるは、「……召しに従ひて（菊を）参らせ**a**候ふ」と申せば、
◦「この度は、あらはれての（この私の手紙に対する兵衛佐の妹の）御返事を請へ」と（兵部卿宮の）仰せありければ、（宮の御随身の）常磐《ときは》、**b**賜りて、三条へ行き、西の対にて、「これは兵部卿宮の御文よ」と言へば、
◦（常磐が兵部卿宮の）間近く参りて、「……灯火《ともしび》の白々となりて、（兵衛佐の妹の姿を）よくよく**c**御覧じ候ひて、御心につかせ給ひ候はば、紛れも入らせ給へかし」。宮は、さもあるべしと思し召して、

---

⑯謙譲
⑰お仕えする
6
①主体
②相手（対象・客体）
③主体
④相手（対象・客体）
⑤聞き手

①
a……兵衛佐から兵部卿宮への敬意を示す謙譲語
b……作者から常磐への敬意を示す尊敬語
c……常磐から兵部卿宮への敬意を示す丁寧語

②
a……兵衛佐から兵部卿宮への敬意を示す丁寧語
b……作者から兵部卿宮への敬意を示す謙譲語
c……常磐から兵衛佐の妹への敬意を示す尊敬語

③
a……兵衛佐から式部卿宮への敬意を示す謙譲語
b……常磐から兵部卿宮への敬意を示す丁寧語
c……常磐から兵衛佐への敬意を示す尊敬語

④
a……兵衛佐から兵部卿宮への敬意を示す丁寧語
b……作者から兵部卿宮への敬意を示す謙譲語
c……常磐から兵部卿宮への敬意を示す尊敬語

⑤
a……兵衛佐から兵部卿宮への敬意を示す謙譲語
b……女房たちから常磐への敬意を示す尊敬語
c……常磐から兵部卿宮への敬意を示す丁寧語

2 傍線部**a**・**b**の敬語について、それぞれの敬意の対象の組合せとして正しいものを、あとの①〜⑥のうちから一つ選べ。

○若君はそそき歩《あり》き給へるが、（式部卿の宮の姿を）はやう見つけ給ひ、上（＝后《きさい》の宮）に申さんとて走りおはして、「式部卿の宮、参りたり」と**a**聞こえ給ふを、

○親王《みこ》（＝式部卿の宮）、「これ（＝姫君・若君の妹）をばらうたくおぼすや」とのたまへば、（若君は）かしらふりて、「いな。このちご得給ひてのちは、宮の常に抱き持ち給ひ、まろをばありしやうに抱き給はず」とものしげにのたまへば、親王もうち笑ひ給ひ、「いつまで抱かれ給はんとおぼす。……なむつかりそ」と**b**聞こえ給へば、

① a……聞こえ＝后の宮　給ふ＝若君　b……聞こえ＝若君　給へ＝后の宮
② a……聞こえ＝若君　給ふ＝后の宮　b……聞こえ＝姫君　給へ＝后の宮
③ a……聞こえ＝后の宮　給ふ＝若君　b……聞こえ＝姫君　給へ＝后の宮
④ a……聞こえ＝若君　給ふ＝后の宮　b……聞こえ＝若君　給へ＝式部卿の宮
⑤ a……聞こえ＝后の宮　給ふ＝若君　b……聞こえ＝若君　給へ＝式部卿の宮
⑥ a……聞こえ＝若君　給ふ＝后の宮　b……聞こえ＝姫君　給へ＝式部卿の宮

和歌の修辞法 これだけは!

基礎力チェック

空欄に適語を入れよ(解答は下欄・解説ページに挙げた例もあわせて確認のこと)。

。①(　　　)……同音であることを利用して、一つの言葉に二つの意味をもたせる技法。

。②(　　　)……特定の語の前に置いて修飾したり句調を整えたりする言葉で、多くは五音からなるもの。和歌を解釈する際、普通は訳さない。

。③(　　　)……ある語句を導き出すために、その前置きとして置かれる語句。音数の制限はなく、詠み手がそのつど自由に創作する。対応する言葉も一定していない。

。④(　　　)……一首の中に意味の関連する語を二つ以上用いることで、表現の効果を上げる技法。

---

①掛詞
②枕詞
③序詞
④縁語

古文

第2章

文脈把握の練習

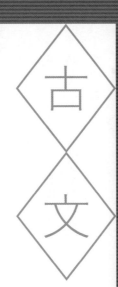

古文第2章では、短時間で的確に文脈をつかむための練習をしていきます。練習開始の前に、本冊18～29ページの「文脈把握のコツ —短時間で大筋をつかめ！」を読み、ポイントをおさえておきましょう。

❖次の手順で文脈把握の練習をしよう！

ステップ1（別冊）

① 太字部分に特に注意し、頭の中で場面を思い浮かべながら文章を読む。
② 主語認定ツール（本冊25ページ）を使い、空欄に人物名を書き入れる（略称でよい）。
③ 必要に応じて会話文や心内文に「　」を付ける。
④ 設問を解く。

⬇

ステップ2（別冊）

① 最低限おさえたいポイントがまとまった**【大筋の確認】**で、文脈把握の達成度をチェックする。
② **ステップ1**で解いた設問の答えを確認する。

⬇

ステップ3（本冊）

① 書込解説を見て、**ステップ1**で空欄に書き入れた人物名が合っているかを確認する。

② 赤字で書かれた内容把握のヒントや、重要語チェックも参考にする。
③ **ステップ2** で△・×をつけた内容を再確認する。
④ **ステップ1** で解いた設問の答え合わせをし、設問解説で正答へのアプローチを確認する。
⑤ 全文訳にも目を通しておく。

☞ **次ページの問題へGO！**

1 『大和《やまと》物語《ものがたり》』百五十七段

（解答・解説は本冊30ページ）

ステップ1

*下野《しもつけ》の国に男女住みわたりけり。年ごろ住みけるほどに、男、妻《め》まうけて心かはりはてて、この家にありける物どもを、（　は）今の妻のがりかきはらひもてはこびいく。心憂しと（　は）思へど、なほまかせて（　は）見けり。ちりばかりの物も残さずみな（　は）もていぬ。ただ残りたる物は、*馬槽《うまぶね》のみなむありける。それを、この男の従者《ずさ》、まかぢといひける童《わらは》を使ひけるして、この槽《ふね》をさへ（　は）とりにおこせたり。この童に、女のいひける、「*きむぢも今はここに見えじかし」などいひければ、「などてか、さぶらはざらむ。ぬし（＝　）おはせずとも（　は）さぶらひなむ」などいひ、立てり。女、「ぬしに消息聞こえば申してむや。（　は）文はよに見たまはじ。ただ言葉にて申せよ」といひければ、「いとよく申してむ」と（　が）いひければ、かく（　が）いひける、

「ふねもいぬまかぢも見えじ今日よりはうき世の中をいかでわたらむ

と申せ」といひければ、（　が）男にいひければ、物かきふるひいにし男なむ、しかながらはこびかへして、もとのごとくあからめもせで（　は）添ひゐにける。

（注）＊下野…旧国名。今の栃木県。
＊馬槽…かいばおけ。馬に食べさせるために飼料を入れておく桶《おけ》。
＊きむぢ…二人称の代名詞。目下の者に対して使う。おまえの意。

設問 傍線部「もとのごとくあからめもせで添ひゐにける」とあるが、このような結末となったのはなぜか。その理由として最も適当なものを、次の①～⑤のうちから一つ選べ。

① 特に必要ではない馬槽までも奪い取ろうとした自分のあさましさに気がついたから。
② 家財道具をすべて奪われても文句一つ言わずじっと堪えている女が哀れに思えたから。
③ 女の話を聞いてその哀れな境遇に同情したまかぢに冷酷なふるまいを諌《いさ》められたから。
④ 切ない心情を巧みな和歌に詠み込んだ女の風流心といじらしさに心を打たれたから。
⑤ 男の非情さを暗に責める女の和歌を伝え聞いて自分の行いが恥ずかしくなったから。

ステップ2

*それぞれの文の内容全体がつかめていたら○、部分的につかめていたら△（つかめていない部分には傍線を引く）、まったくつかめていなかったら×を（　）の中に書き入れよう。

【大筋の確認】

（　）1 長年一緒に暮らしていた夫婦がいたのだが、男は新しい妻ができて心変わりをしてしまった。

（　）2 男は家の道具類すべてを新しい妻のところへ運んでいくのだが、元の妻はただ見ていることしかできない。

（　）3 馬槽だけが残ったが、男は自分の従者の童（＝まかぢ）に命じてそれさえも取りに行かせた。

（　）4 やってきた童に「今後はおまえも来ないのね」と女が言うと、童は「主が来なくても自分は来る」と答える。

（　）5 女は「手紙だと読んでもらえないだろうから直接言葉で伝えてくれ」と、童に伝言を依頼する。

（　）6 その伝言とは、馬槽の「ふね」と童の名前の「まかぢ」を詠み込み自分の切ない心情を訴える和歌であった。

（　）7 女の和歌を伝え聞いた男は、一度持っていった道具類を運び返して、以前と同じように元の妻と暮らした。

2 『大鏡《おおかがみ》』巻二 左大臣時平《さだいじんときひら》

（解答・解説は本冊34ページ）

ステップ1

*延喜の、世間の作法し*たためさせたまひしかど、*過差《くわさ》をばえしづめさせたまはざりしに、*この殿、制を破りたる御装束の、ことのほかにめでたきをして、内にまゐりたまひて、（　が）殿上に候はせたまふを、帝《みかど》、*小蔀《こじとみ》より御覧じて、御気色《みけしき》いとあしくならせたまひて、*職事《しきじ》を召して、世間の過差の制きびしき頃、左のおとど（＝　）の、*一の人といひながら、美麗《びれい》ことのほかにてまゐれる、便なきことなり。はやくまかり出づべき由《よし》仰せよと（　が）仰せられければ、うけたまはる職事は、いかなることにかと怖れ思ひけれど、（　は）まゐりて、わななくわななく、しかじかと（　に）申しければ、（　は）いみじくおどろき、かしこまりうけたまはりて、*御随身《みずいじん》の*御先《みさき》まゐるも制したまひて、（　が）急ぎまかり出でたまへば、*御前《ごぜん》どもあやしと思ひけり。さて本院の御門一月ばかり（　は）鎖させて、御簾《みす》の外《と》にも出でたまはず、人などのまゐるにも、勘当《かんだう》の重ければとて、（　は）会はせたまはざりしにこそ、世の過差はたひらぎたりしか。内々によくうけたまはりしかば、さてばかりぞしづまらむとて、（　が）帝と御心あはせさせたまへりけるとぞ。

（注）＊延喜…醍醐《だいご》天皇。
＊したため…統制する。
＊過差…分を超えた贅沢《ぜいたく》。
＊この殿…左大臣藤原時平。
＊小蔀…天皇が殿上の間《ま》の様子を見るための小窓。
＊職事…蔵人《くろうど》。
＊一の人…最高権力者。
＊御随身…勅命により貴人の護衛を務めた者。
＊御先…お先払い。
＊御前…貴人を騎馬で先導する人。

設問 この話から読み取れる傍線部「この殿」の人物像として最も適当なものを、次の①～⑤のうちから一つ選べ。

① 派手好みで驕奢《きょうしゃ》な人物。
② 策を巡らすのに長《た》けた人物。
③ 権力にこびへつらう人物。
④ 従順で忠誠心にあつい人物。
⑤ 反骨精神にあふれた人物。

ステップ2

【大筋の確認】

＊それぞれの文の内容全体がつかめていたら○、部分的につかめていたら△（つかめていない部分には傍線を引く）、まったくつかめていなかったら×を〔　〕の中に書き入れよう。

〔　〕1 醍醐天皇が世間の贅沢を抑えることができずにいた時、時平が制を破る豪華な服装で参内した。

〔　〕2 天皇は時平の姿を見て腹を立て、蔵人を呼び、宮中から退出するよう時平に伝えよと命令する。

〔　〕3 蔵人は恐れながら時平に天皇の言葉を伝えると、時平はひどく驚いて急いで宮中から退出する。

〔　〕4 その後、時平は一か月間自邸に閉じこもり謹慎したのだが、それがきっかけで世間の贅沢がおさまった。

〔　〕5 実はこの出来事は、世間の贅沢をしずめようと時平が天皇と示し合わせて行った演技によるものであった。

古文

第3章 チャレンジテスト

古文第3章では、実戦問題として共通テストの模擬問題を三題用意しました。二題は本書オリジナルの問題、残りの一題はセンター試験の過去問題を共通テストのパターンにアレンジしたものです。古文第2章で身に付けた文脈把握のコツを実際に使って問題を解いてみましょう。

❖文章題はこの手順で解く！

次はオススメの解き方（手順）です。まだ自分なりの解き方が確立できていない人は参考にしてください。20分で問題を解くことを想定し、各段階の所要時間を概算しました（本文の長さ、問題の難易度で多少変わります）。

① 予備情報の確認（1分）

◦**注**に目を通す。**前書き（リード文）**がある場合は、前書きにも目を通す。
◦**登場人物や状況設定に関する情報**を整理。

⬇

② 一回目の読み（5分）

◦**話の流れをつかむ**ことに集中し、**傍線は気にせず最後まで**本文を読む。
◦その際に登場人物や大事なポイントに印や傍線をつけたり、省略主語を書き込んだり、**思考のプロセスを紙に残しながら**読み進めること。

⬇

③ 二回目の読み＆設問解答（12分）

◦一回目よりも**細部にまで注意**し、話の流れを確認しながら本文を読む。
◦傍線部にきたら、**設問を解く**。傍線部のあとにヒントのあることも多いので、**傍線部周辺をよく読む**こと。
◦選択肢を絞る際に、吟味のポイントになる部分に線を引いたり、○・×などの印をつけたりして、ここでも**思考のプロセスを紙に残す**ようにする。

⬇

④ 最終確認（2分）

◦傍線部周辺を拾い読みし、**設問の答えが合っているかを確認**する。

では、ここからチャレンジテストで実戦力を身に付けていきましょう。解答・解説は、本冊38ページ以降に載っています。解法のポイントや重要事項をわかりやすくまとめてありますので、特に間違えてしまった設問については、解説を参考にして間違えた原因を分析し、次につなげましょう。

☞ 次ページの問題へGO！

1 『雲《くも》隠《がくれ》六《ろく》帖《じょう》』

（解答・解説は本冊38ページ）

❖次の文章は、『源氏物語』の登場人物を用いて創作された物語『雲隠六帖』の一節である。源氏は、愛する妻の紫の上に先立たれて深い悲しみに沈んでいた。これを読んで、あとの問い（**問1～6**）に答えよ。

いまだ明けざるに、おはしつきたり。主《あるじ》の院(注1)、おどろき給《たま》ふ事なのめならず。「いかなればかく、しののめもまだしかるべきほどに」とのたまへば、はるかに久しき御《おほん》対面をよろこび給ふ事限りなし。いたうやせ細り給ひて、昔の影のやうに見え給へば、あはれと見奉り給ひて、(ア)うちしほたれ給ひて、とばかりありて、「何たる御心にて、すがすがとおぼしめし立ち給ふか」と申し給へば、源氏、

「夢の世に幻の身の生まれ来てうつつ顔にて過ぐし果てめや

Aかく思ひ立ちしよりは、過ぐる月日もいと長き心地ぞせし」など聞こえ給へば、主の院、

「紫の上(注2)おく露におどろきて初めて夢の世をや知るらん

よろづの事につけて、ただかの人ひとりこそ、世の守りにてはおはしけれ。いかばかりなりしかば、かばかりの御心ざしならん」と、山伏の御心にも、いとほしくもゆかしうもあたらしくも、さまざまにぞおぼえ給ひける。「いまはかけても、その上などは言ひ出《い》ださじ。なかなかあなたのためもいとほし」とて、今も涙ぐみ給ふぞ、Bまことに浅からぬ御心ざしなりける。

さても六条院(注3)には、(イ)おはせぬよし見つけ奉りて、人々騒ぎ求め奉る事、言へばさらなり。睦月《むつき》の一日なれども、

かく世の親の失《う》せ給へれば、天地《あめつち》もうち返すばかりにて、何のかひもなし。「悩み給うてひたすらなくなり給ふは常の習はしとはすれ、忘れ草(注4)生ふといふ事もあり。たとひまた、世を捨て給ふとも、いかなる谷の底、山の奥などと、そこをあらはして籠《こも》り居給ふ事は、昔よりもあればこそ、在五《ざいご》が言葉にも、『夢かとぞ思ふ思ひきや』とも言ひつらめ。これはいと心やましく、忘れ難き御事にこそ」とぞ、大将(注5)も中宮(注6)も御嘆きは尽きせざりける。冷泉院《れいぜいゐん》(注7)は、そのままに起きも上がり給はず。「昔よりの御心向け、下の心さへ浅からざりしかば、同じ宮仕へにも、心の限り尽くし給ひし事、母宮(注8)の服《ぶく》(注9)のうちに、かの御事(注10)は聞きしぞかし。いかにして、親王になし奉らんと思ひしを、つひにその本意《ほい》も遂げずして、かく空《むな》しき様になり給へるぞ」など思ひ給ふにも、すべて片時も世にあらん心地もし給はず。

「Cたらちねのおやまのすそに入る月の影も残らぬ朝ぼらけかな

なほいかにしてか、せめておはする所を、峰とも山とも(ウ)聞きあきらめん」と、御心の暇《いとま》なく思ひ明かし暮らし給ふに、ある夜の御夢に、山のみかどとおぼしき所に、うちしほたれて行ひをし給ふに、御かたはらに、言はん方なく清らに、愛敬《あいぎやう》づきたる女君ありけるを、「これや、この忘れ難くし給ふ対の上(注11)ならん。げにいと警策《きやうざく》(注12)なる人かな」と思ひ給ふほどに、うちおどろき給ひて、名残もいと恋しくて、

思ひきやこの世ながらに別れつつ夢に心を慰めんとは

かくて山には、御ふたりうち語らひ給ひて、世の中には物思ひの種《くさはひ》になり給へども、主の院は、かかる方にても隔てなくて過ぐし給ふ、いとうれしき事に思ひ給ひけり。

（注）1　主の院――ここでは朱雀院《すざく》を指す。源氏の兄で、すでに出家している。
2　紫の上おく露――「紫」は紫草のこと。ここでは紫の上の意も兼ねる。
3　六条院――都にある源氏の邸宅。
4　忘れ草――萱草《かんぞう》の異称。憂いを忘れる草と言われ、「忘れ草生ふ」で、つらいことを忘れる意。
5　大将――源氏の息子である夕霧。
6　中宮――源氏の娘である明石《あかし》の中宮。
7　冷泉院――桐壺《きりつぼ》帝の子とされているが、実は、その后《きさき》である藤壺《ふじつぼ》と源氏との間の子。
8　母宮――藤壺のこと。
9　服――喪に服すること。また、その期間。
10　かの御事――源氏が自分（冷泉院）の実の父であること。
11　対の上――紫の上のこと。
12　警策なる――際だってすばらしい。

問1　傍線部(ア)～(ウ)の解釈として最も適当なものを、次の各群の①～⑤のうちから、それぞれ一つずつ選べ。

(ア)　うちしほたれ給ひて、とばかりありて
①　貧相なお姿になって、わずかの間沈黙して
②　ひとしきりお泣きになって、ややしばらくして
③　ひどく朝露にお濡《ぬ》れになって、少し時間をおいて
④　家の中にお籠りになって、深く考えられた末に
⑤　がっくりとうなだれなさって、長い間そのままで

(イ) おはせぬよし見つけ奉りて

① 姿を消しなさった理由に気づきなさって
② 出かけられた目的に思い当たる節がなくて
③ お書きになった手紙を見つけ申し上げて
④ お出かけになった場所に思い当たりなさって
⑤ いらっしゃらないことに気づき申し上げて

(ウ) 聞きあきらめん

① 聞いたうえで断念したい
② 申し上げてほっとしたい
③ 聞いてはっきりさせたい
④ きっぱりと申し上げたい
⑤ 聞き飽きるほど聞きたい

問2 傍線部A「かく思ひ立ちしよりは」とあるが、この部分の解釈として最も適当なものを、次の①〜⑤のうちから一つ選べ。

① 「所詮《しょせん》この世は夢幻なのに、生き続ける価値があろうか。一刻も早く紫の上に会いたい」と願い始めた時からは
② 「所詮この世は夢幻なのに、いつまでも現世に執着する必要があろうか。すぐにでも出家しよう」と決めた時からは
③ 「所詮この世は夢幻なので、このまま平静を装《よそお》おう。そうして残りの人生を平穏に過ごそう」と決意した時からは
④ 「所詮この世は夢幻なのに、知らぬふりをして人は生きている。とても自分には納得できない」と思った時からは
⑤ 「所詮この世は夢幻なので、過去にこだわる必要などない。いっそ紫の上のことを忘れよう」と決断した時からは

問3 傍線部Ｂ「まことに浅からぬ御心ざしなりける」とあるが、これはどのようなことをいっているのか。その説明として最も適当なものを、次の①〜⑤のうちから一つ選べ。

① 愛する妻を亡くして憔悴《しょうすい》し切った源氏があまりにも気の毒で朱雀院は涙をおさえられず、ここから朱雀院が源氏に深い同情を寄せていることがわかるということ。

② 朱雀院はわざわざ自分を頼ってこのような山奥にまで足を運んだ源氏の思いに応えたいと考えており、ここから朱雀院の源氏に対する誠意のほどがわかるということ。

③ 仏に仕える身となったからには俗世へのいかなる未練も捨て去るべきだと朱雀院は涙ながらに訴えており、ここから山伏である朱雀院の理想の高さがわかるということ。

④ 源氏は最愛の妻を失った悲しみを乗り越えて仏道修行に専念しようと考えており、ここから源氏のこれからの人生に向けた強い決意のほどがわかるということ。

⑤ 今は決して紫の上のことは口にすまいと源氏が考えているのも彼女のためを思ってのことであり、ここから源氏の亡き妻に対する愛情の深さがわかるということ。

問4　傍線部Cの和歌「たらちねのおやまのすそに入る月の影も残らぬ朝ぼらけかな」の語句や表現について説明したものとして**適当でないもの**を、次の①～⑤のうちから一つ選べ。

①「たらちねの」は「母」「親」などにかかる枕詞で、漢字では「垂乳根の」と表記する。
②「おやまの」には「山」と「親」の意味が込められている。
③「おやまのすそ」は「親の着物の裾《すそ》」を暗示し、これまで自分は陰日向《ひなた》に実の親である源氏に守られていたのだと再認識する気持ちを表している。
④「月の影」は「親の姿」を暗示し、山に沈んだ月が見えなくなるように、源氏がどこかの山に籠ってしまったことを嘆く気持ちが表現されている。
⑤「朝ぼらけかな」の「朝ぼらけ」は夜が明ける頃の時間帯を表す名詞で、「かな」は「～であることよ」と訳す詠嘆の終助詞である。

問5 次に掲げるのは、二重傍線部「在五が言葉にも、『夢かとぞ思ふ思ひきや』とも言ひつらめ」の出典である『伊勢《いせ》物語』第八十三段の後半部分である。「在五」とは在五中将の略で在原業平《ありわらのなりひら》のことであり、『伊勢物語』において「男」「(右の)馬の頭《かみ》」という呼び名で登場する主人公のモデルとされる。これを踏まえ、本文に描かれた源氏の周囲の人々の心情や様子についての説明として最も適当なものを、あとの①〜⑤のうちから一つ選べ。

(男は長い間惟喬《これたか》の親王のそば近く仕え、鷹《たか》狩りや花見など機会あるごとにお供をしていた。)

かくしつつまうで仕うまつりけるを、思ひのほかに、御髪《みぐし》おろしたまうてけり。正月《むつき》に拝みたてまつらむとて、小野《をの》にまうでたるに、比叡《ひえ》の山のふもとなれば、雪いと高し。しひて御室《みむろ》にまうでて拝みたてまつるに、つれづれといともの悲しくておはしましければ、やや久しくさぶらひて、いにしへのことなど思ひいで聞こえけり。さてもさぶらひてしがなと思へど、おほやけごとどもありければ、えさぶらはで、夕暮れにかへるとて、

忘れては夢かとぞ思ふおもひきや雪ふみわけて君を見むとは

とてなむ泣く泣く来にける。

① 『伊勢物語』では親王の隠棲《いんせい》場所がわかっていたからこそ在五は親王に会いに行くことができたのだが、源氏は居場所を知らせることもなく姿を消してしまい、そのことを大将も中宮も不満に思った。

② 『伊勢物語』で描かれる親王の隠棲場所は比叡山《ひえいざん》のふもとの雪深い場所であり、そのように人里離れたわびしい場所に今ごろ源氏は一人籠っているのかと思うと、大将も中宮も嘆きが尽きない様子であった。

③ 大将と中宮が『伊勢物語』の在五の言葉を引用して源氏の失踪を嘆いている様子を見て、冷泉院も同じ「思ひきや」という表現を用いることで在五の心情になぞらえ、みずからの悲痛な心持ちを歌に詠んだ。

④『伊勢物語』では在五が出家姿の親王に実際に会ってこの現実が夢のようだと嘆いているが、冷泉院は紫の上と一緒に仏道修行に励む源氏の姿を夢に見てこれが現実になればよいのにと願った。

⑤冷泉院は夢のお告げで失踪した源氏が朱雀院の隠棲場所にいることを知り、『伊勢物語』の在五のようにどんなに雪深い山奥であろうと実の父親である源氏に会いに行きたいと思った。

問6 この文章の構成に関する説明として最も適当なものを、次の①〜⑤のうちから一つ選べ。

①紫の上を失った源氏の言動を軸とし、紫の上が生きていたころのエピソードや冷泉院が見た夢の場面などを加えることによって、過去と現在、幻想と現実を交錯させた立体的な構成となっている。

②『源氏物語』が本来もつ王朝物語的な世界を土台とし、そこに仏教的な世界を重ね、さらに『伊勢物語』の和歌的叙情を加えることによって、物語が進むにつれて重層性を増す構成となっている。

③朱雀院と源氏とのやりとりを軸とする山の場面を描き、次に源氏を案ずる人々の様子を軸とする都の場面を描いたあと、最後にそれら二つの場面に対比的に触れながら結ぶ構成となっている。

④源氏が仏道修行に励む様子を描く山の場面を最初と最後に配置し、源氏を失った人々の嘆きを描く都の場面を中心に据えることによって、主人公源氏の存在を際だたせる構成となっている。

⑤最初に「主の院」での出来事、次に「六条院」での出来事、さらに「冷泉院」での出来事、最後に再び「主の院」での出来事を描き、四つの場面を時間の流れに沿って配置した構成となっている。

2 『平家物語《へいけものがたり》』

（解答・解説は本冊54ページ）

❖次の文章は『平家物語』の一節で、平家討滅を企てたことで捕らえられ鬼界《きかい》が島に流された俊寛僧都《しゅんかんそうず》を、下僕の有王《ありおう》がはるばる訪れた場面である。これを読んで、あとの問い（**問1〜6**）に答えよ。

有王涙にむせびうつぶして、しばしはものも申さず。ややあつておきあがり、泪《なみだ》をおさへて申しけるは、「君の西八条《にしはつでう》(注1)へ出でさせ給《たま》ひしかば、やがて追捕《ついふく》(注2)の官人参つて御内《みうち》の人々搦《から》め取り、御謀反の次第を尋ねて、うしなひはて(注3)候《さうら》ひぬ。北の方はをさなき人を隠しかね参らせさせ給ひて、A鞍馬《くらま》の奥にしのばせ給ひて候ひしに、この童《わらは》ばかりこそ、時々参つて宮仕《みやづか》へ仕《つかまつ》り候ひしか。いづれも御歎《なげ》きのおろかなる事は候はざりしかども、をさなき人はあまりに恋ひ参らせさせ給ひて、参り候ふたび毎《ごと》に、『有王よ、鬼界が島とかやへ、われ具して参れ』と、(ア)むつからせ給ひ候ひしが、過ぎ候ひし二月《きさらぎ》に、疱《もがさ》(注4)と申す事に、失《う》せさせ給ひ候ひぬ。北の方はその御歎きと申し、これの御事と申し、一《ひと》かたならぬ御思ひにしづませ給ひ、日にそへてよわらせ給ひ候ひしが、同じき三月《やよひ》二日、つひにはかなくならせ給ひぬ。いま姫御前ばかり、奈良の姑《をば》御前の御もとに、御わたり候ふ。これに御文給はつて参つて候ふ」とて、取りいだいて奉る。あけて見給へば、有王が申すにたがはず書かれたり。奥には、「などや三人(注5)ながされたる人の、二人は召しかへされてさぶらふに、今まで御のぼりさぶらはぬぞ。あはれ高きもいやしきも、女の身ばかり心憂《う》かりける物はなし。男《をのこ》の身にてさぶらはば、わたらせ給ふ島へも、などか参らでさぶらふべき。この有王御供にて、いそぎのぼらせ給へ」とぞ書かれたる。僧都この文をかほにおしあてて、しばしは物も宣《のたま》はず。ややあつて、「これ見よ有王、Bこの子が文の書きやうのはかなさよ。おのれを供にて、いそぎのぼれと書きたる事こそうらめしけれ。心にまかせたる俊寛が身ならば、何とてかこの島にて三年の春秋をば送るべき。今年は十二になるとこそ思ふに、これ程はかなくては、(イ)人にも見え、宮仕へをもして、身をも助くべきか」とて、泣かれけるにぞ、人の親の心は闇にあらねども、子を思ふ道にまよふ程も知られける。「この島へながされて後は、暦《こよみ》もなければ、月日のかはり行くをも知らず。ただおのづから花の散り、葉の落つるを見て、春秋をわきまへ、蟬《せみ》(注6)の声麦秋《ばくしう》を送れば、夏と思ひ、雪のつもるを冬と知る。白月《びやくぐわつ》(注7)、黒月《こくぐわつ》のかはり行くをみて、三十日をわきまへ、指を折つてかぞふれば、今年は六つになると思ひつるをさなき者も、はや先立ちけるごさんなれ(注8)。西八条へ出でし時、この子が我もゆかうど(注9)慕ひしを、やがて帰らうずるぞと(ウ)こしらへおきしが、今の様《やう》におぼゆるぞや。Cそれを限りと思はましかば、今しばしもなどか見ざらん。親となり子となり、夫婦の縁をむすぶも、みなこの世(注10)一つに限らぬ契《ちぎり》ぞかし。などさらばそれらがさ様に先立ちけるを、今まで夢まぼろしにも知らざりけるぞ。人目も恥ぢず、いかにもして、命生かうど(注9)思ひしも、これらを今一度見ばやと思ふためなり。姫が事ばかりこそ心苦しけれども、それは生き身なれば、歎きながらも過ごさんずらん。さのみながらへて、おのれにうき目を見せんも我身ながらDつれなかるべし」とて、おのづからの食事(注11)をとどめ、偏《ひとへ》に弥陀《みだ》(注12)の名号《みやうがう》をとなへて、臨終正念《りんじゆうしやうねん》(注13)をぞいのられける。有王わたつて二十三日と云《い》ふに、その庵《いほり》のうちにて、遂にをはり給ひぬ。年三十七とぞ聞《きこ》えし。

（注）1　西八条――平安京の八条大路北、大宮大路西にあった平清盛《たいらのきよもり》の別邸。召し出された謀反人たちが尋問され、処罰を言い渡された。

2　追捕――罪人を追い捕らえること。

3　うしなひはて候ひぬ――全員を処刑してしまいました。

4　痘――天然痘。

5　三人ながされたる人――俊寛のほかに平康頼《やすより》、藤原成経《ふじわらのなりつね》がともに流されたが、この二人は赦免された。

6　蟬の声麦秋を送れば――「先鋒《せんぼう》の鳥路《てうろ》は梅雨《ばいう》を含み、五月《ごぐわつ》の蟬声《ぜんせい》は麦秋《ばくしう》を送る」（和漢朗詠集）による。「麦秋」は麦が色づき刈り入れるのによい時期をいう。初夏の頃。

7　白月、黒月――古代インドの暦法で、新月から満月までの15日間を「白月」、満月から新月までの15日間を「黒月」という。

8　ごさんなれ――「にこそあるなれ」の転。

9　ゆかうど・生かうど――「行《ゆ》かむと」「生かむと」の転。

10　この世一つに限らぬ契――現世だけに限らない前世からの宿縁。

11　おのづからの――たまにしかない。

12　弥陀の名号――念仏として唱える「南無阿弥陀仏《なむあみだぶつ》」の六字。

13　臨終正念――臨終に際し、妄念にとらわれることなく一心に仏を念じて往生を疑わないこと。

問1 傍線部(ア)〜(ウ)の解釈として最も適当なものを、次の各群の①〜⑤のうちから、それぞれ一つずつ選べ。

(ア) むつからせ給ひ候ひし

① 切望申し上げなさった
② ぐずりなさいました
③ 恋い慕いなさいました
④ 説明させなさいました
⑤ 祈らせ申し上げなさった

(イ) 人にも見え

① 世間に顔向けし
② 人に信頼され
③ 人の妻となり
④ 他人のふりをし
⑤ 一人前になり

(ウ) こしらへおきし

① うそを並べ立てた
② 口実を作っておいた
③ あとをついてきた
④ 予想を超えていた
⑤ なだめすかしておいた

問2 傍線部A「鞍馬の奥にしのばせ給ひて候ひしに、この童ばかりこそ、時々参つて宮仕仕り候ひしか」の語句や解釈に関する説明として最も適当なものを、次の①〜⑤のうちから一つ選べ。

① 「鞍馬の奥」とは、俊寛が追手から逃れるために妻子とともに身を隠していた場所である。
② 「候ひしに」の「候ひ」は、動作の主体である北の方に対する敬意を表している。
③ 「この童」は、俊寛が北の方との間にもうけた幼い子どもを指している。
④ 「参つて」は、「参りて」が促音便になったもので、ここでは「宮中に参上して」の意である。
⑤ 「仕り」は、ここでは「何かをする・行う」の謙譲語として用いられている。

問3　傍線部B「この子が文の書きやうのはかなさよ」とあるが、俊寛はこの手紙を読み、娘のどのような点を「はかなさ」と思ったのか。最も適当なものを、次の①〜⑤のうちから一つ選べ。

① すでに十二歳になるというのに考え方が幼く、ほかの二人が都に戻れたのだから父親も戻れるはずだと思っている点。

② まだ十二歳という若さのために父親が配流された事情を理解できず、一緒に連れていってくれなかったことを責めている点。

③ 過酷な状況下で不自由な生活を強いられている父の身を案じ、一日も早く都に戻れることを心の底から願っている点。

④ 自分が女の身であるがゆえに表立って動くことはできないので、有王に全権を委ね、父親の島からの脱出を謀らせた点。

⑤ 女の身でありながら勇ましさにあふれ、有王とともに島に渡ってみずから父親の苦境を救いたかったと言っている点。

問4 傍線部C「それを限りと思はましかば、今しばしもなどか見ざらん」の解釈として最も適当なものを、次の①～⑤のうちから一つ選べ。

① 西八条へ出向く私を慕った幼子にまた会えると思ったならば、これほどつらい目にはあわなかっただろう
② 西八条へ出向く前に幼子に会ったのが最後だとわかっていたら、もう少しあの子の顔を見ておけばよかった
③ どんな時も私を慕ってくれた幼子へのいとしさを思えば、今しばらくはこの苦境も堪えられないことはない
④ 幼子が六歳という若さで亡くなることを知っていたら、どうしてもっとあの子に会いに行かなかったのか
⑤ 六歳の幼子が死の間際に味わった苦しみを思えば、しばし憂き目を見るつらさなど物の数ではないだろう

問5 傍線部D「つれなかるべし」には俊寛のどのような気持ちが込められているか。最も適当なものを、次の①〜⑤のうちから一つ選べ。

① 都へ戻れるあてもないのに命を惜しみ、さらにみじめな生活を強いられながらこのままここで生き長らえたために世間の笑いものになることを嘆く気持ち。
② 妻や幼子に先立たれた今はただ一人生き残った姫君のことが心配で、一刻も早く都に戻りたいと願うもののそれが叶《かな》わないことをもどかしく思う気持ち。
③ ほかの二人が赦免された一方で自分だけがいまだ島に取り残されていることを恨めしく思い、平家の冷淡な仕打ちが腹立たしいという気持ち。
④ このまま自分が生き長らえることは有王に世話を焼かせ迷惑をかけることになるが、そうなってはあまりにも自分勝手で申し訳ないという気持ち。
⑤ これまでは都に残してきた妻子に再び会うために生きのびてきたが、彼らがこの世を去った今となっては生きていても無意味だというなげやりな気持ち。

問6 次に掲げるのは、二重傍線部「人の親の心は闇にあらねども、子を思ふ道にまよふ」について教師と生徒が交わした会話である。この会話中の X ・ Y に入る最も適当なものを、あとの各群の①〜④のうちからそれぞれ一つずつ選べ。

生徒 先生、この「人の親の心は闇にあらねども〜」の部分なんですけど、和歌で同じ表現を使ったものがあったような気がします。

教師 お、よく気づいたね。ここでは藤原兼輔《かねすけ》という人の和歌「人の親の心は闇にあらねども子を思ふ道にまどひぬるかな」が引用されている。兼輔はあの有名な紫式部の曾《そう》祖父にあたる人だよ。この歌は後撰集《ごせんしゅう》に入集していて、詞《ことば》書《がき》には、宴会で子どもの話になりそこで詠んだ歌と説明がある。

生徒 歌の結句「まどひぬるかな」が本文では「まよふ」になっているだけで、あとは全部同じですね。

教師 実は『大和物語』の第四十五段にも同じ和歌が見える。この中の「堤《つつみ》の中納言の君」が藤原兼輔のことだよ。

堤の中納言の君、十三の皇子《みこ》の母御息所《みやすどころ》を、内《うち》に奉りたまひけるはじめに、帝《みかど》はいかがおぼしめすらむなど、いとかしこく思ひなげきたまひけり。さて、帝によみて奉りたまひける。

人の親の心は闇にあらねども子を思ふ道にまどひぬるかな

先帝《せんだい》、いとあはれにおぼしめしたりけり。御返しありけれど、人え知らず。

生徒 『大和物語』では歌が詠まれた事情として、 X となっています。子を思う親の気持ちを詠んだという点では同じですけど、後撰集の詞書の説明とはだいぶ違いますね。

教師 うん、そうだね。やはり物語だから、読者の興味を引くために、詠者が歌を詠むに至った心情や経緯などを詳しく描写することに重点が置かれているんだよ。時には虚構が混じることもある。ところで、この『平家物語』では、俊寛僧都の言動のどのようなところがこの和歌に通じると言っているのかな。

生徒　［ Y ］というところだと思います。

［ X ］

① 帝が十三歳になる皇子の行く末を心配していることを知った兼輔が、帝の気持ちを歌で代弁してさし上げた
② 自分の娘でもある帝の母御息所の思いを帝が理解していないことを思い嘆いて、祖父の兼輔が帝に送った
③ 娘の入内《じゅだい》の際、帝の寵愛《ちょうあい》を得られるか気がかりのあまり、兼輔が子を思う親の気持ちを詠んで帝に送った
④ 御息所が我が子である帝の将来を案ずる思いに共感した兼輔が、子を思う親の普遍的な愛情を歌に詠んだ

［ Y ］

① 娘の父を思う気持ちに心打たれ、恥辱をしのんででも生きのびてみせると覚悟している
② 自分の死後は天涯孤独の身となってしまう娘の行く末を案じ、有王にその世話を託した
③ 長い間娘の手紙を待ちこがれ、ただ一人島に取り残されてもここまで生き長らえてきた
④ 自身は過酷な状況にありながらも、娘の手紙を読んでその将来をいろいろ心配している

3 『蜻蛉日記《かげろうにっき》』『百首異見《ひゃくしゅいけん》』

（解答・解説は本冊66ページ）

❖次の【文章Ⅰ】は平安時代中期の日記『蜻蛉日記』の一節、【文章Ⅱ】は江戸時代後期の歌人である香川景樹《かがわかげき》による歌論『百首異見』の一節で、【文章Ⅰ】中の和歌について筆者の私見を述べたものである。これらを読んで、あとの問い（問1〜6）に答えよ。

【文章Ⅰ】

さて、九月《ながつき》ばかりになりて、出《い》で（注1）にたるほどに、箱のあるを手まさぐりに開けて見れば、人のもとに遣《や》らむとしける文あり。あさましさに、見てけりとだに知られむと思ひて、書きつく。

A うたがはしほかに渡せるふみ見ればここやとだえにならむとすらむ

など思ふほどに、むべなう（注2）、十月《かみなづき》つごもりがたに、三夜《みよ》しきりて見えぬ時あり。(ア)つれなうて、「しばしこころみるほどに」など、気色あり。

これより（注3）、夕さりつかた、「内裏《うち》にのがるまじかりけり」とて出づるに、心得で、人をつけて見すれば、「町の小路《こうぢ》なるそこそこになむ、とまり給《たま》ひぬる」とて来たり。Bさればよと、いみじう心憂《う》しと、思へども、言はむやうも知らであるほどに、二三日ばかりありて、あかつきがたに門《かど》をたたく時あり。Cさなめりと思ふに、憂くて、開けさせねば、例の家とおぼしきところにものしたり。つとめて、(イ)なほもあらじと思ひて、

X 嘆きつつひとり寝《ぬ》る夜のあくる間《ま》はいかに久しきものとかは知る

と、例よりは(注4)ひきつくろひて書きて、移ろひたる菊にさしたり。返りごと、「あくるまでもこころみむとしつれど、とみなる召使《めしつかひ》の来あひたりつればなむ。Dいとことわりなりつるは。

Y　げにやげに冬の夜ならぬ真木《まき》の戸もおそくあくるはわびしかりけり」

さても、いとあやしかりつるほどに、ことなしびたる、しばしは、忍びたるさまに、内裏になど言ひつつぞあるべきを、Eいとどしう心づきなく思ふことぞ、かぎりなきや。

（注）1　出でにたる ―― 夫の兼家《かねいえ》が作者の家から帰っていった。　2　むべなう ―― 案の定。
3　これより ―― 私の家から。　4　ひきつくろひて ―― 改まって。

【文章Ⅱ】

(注1)『拾遺集』恋四、「(注2)入道摂政まかりたりけるに、門をおそく開けければ、立ちわづらひぬと言ひ入れて侍《はべ》りければ、詠みて出だしける」とあり。今宵もやとわびながら、独りうち寝る夜な夜なの明けゆくほどは、いかばかり久しきものとか知り給へる、となり。門開くる間をだに、しかのたまふ御心にひきあてておぼしやり給へと、このごろ夜がれがちなる下の恨みを、ことのついでにうち出でたるなり。『蜻蛉日記』に、この門たたき給へることを、つひに開けずして(ウ)かへしまゐらせて、明くるあした、こなたより詠みてつかはせしやうに書けるは、ひがごとなり。「ひとり寝る夜のあくる間は」といひ、「いかに久しき」といへるは、門開くるあひだのおそきを、わび給ひしにくらべたるなり。つひに開けずしてやみたらんには、何にあたりてか、「あくる間は」とも、「久しき」とも詠み出づべき。

（注）1　『拾遺集』——拾遺和歌集。平安中期に成立した三番目の勅撰《ちょくせん》和歌集。「恋」の部立に「嘆きつつ…」の歌が右大将道綱母《みちつなのはは》の作として収載される。

2　入道摂政——藤原兼家。

問1　傍線部(ア)～(ウ)の解釈として最も適当なものを、次の各群の①～⑤のうちから、それぞれ一つずつ選べ。

(ア)　つれなうて
① 平然として
② わざとらしく
③ 申し訳なさそうに
④ 腹立ちまぎれに
⑤ 心細くて

(イ)　なほもあらじ
① 二度と会うつもりはない
② やはり確かめてみよう
③ その通りではないだろう
④ どういうわけなのだろうか
⑤ このままではすますまい

(ウ)　かへしまゐらせて

① お帰しになって
② 帰らせ申し上げて
③ もう一度参内して
④ 返歌をなさって
⑤ 返歌を送り申し上げて

問2　傍線部A「うたがはしほかに渡せるふみ見ればここやとだえにならむとすらむ」の語句や解釈に関する説明として**適当でないもの**を、次の①〜⑤のうちから一つ選べ。

① 「うたがはし」の「はし」は「橋」との掛詞で、「渡せ」「ふみ」「とだえ」が「橋」の縁語になっている。
② 「ふみ」とは、兼家がよその女のところに送ろうとしていた手紙のことである。
③ 「とだえ」とは、作者の兼家に対して寄せる信頼がとぎれてしまう意を表している。
④ 「ここや」の「や」は疑問を表す係助詞で、結びの語は「すらむ」の「らむ」である。
⑤ この和歌は、自分が手紙を見つけたことを兼家にわからせようと思って作者が書きつけたものである。

問3 傍線部B「さればよ」・C「さなめり」とあるが、それぞれの内容を説明したものとして最も適当なものを、次の①〜⑤のうちから一つ選べ。

① Bは、夫は例の手紙の相手の家に行ったのではないかという作者の疑念が合っていたことを表しており、Cは、今夜もまた夫が同じ女の家へ行ったということを人づてに知った時の作者の落胆を表している。

② Bは、夫の訪れが間遠になったのは新しい妻ができたせいだろうという作者の推測が合っていたことを表しており、Cは、妻に愛想がつきれば夫の足が遠のくのもしかたがないという作者の諦めを表している。

③ Bは、夫が向かうのは内裏ではなく新しい妻のところだろうという作者の予測が当たっていたことを表しており、Cは、夜明け前にわが家を訪れたのは夫だろうという作者の推測を表している。

④ Bは、夫が自分に飽きてしまわないようにもっと愛情を注げばよかったという作者の後悔の念を表しており、Cは、一時は遠のいた夫の足が再びこちらへ向いてくれることへの作者の期待を表している。

⑤ Bは、町の小路の女に心が傾いた夫は自分のもとへは通って来なくなるだろうという作者の予感が的中したことを表しており、Cは、予想に反して夫がやって来たことへの作者の驚きを表している。

問4 傍線部**D**「いとことわりなりつるは」とあるが、この兼家の発言についての説明として最も適当なものを、次の①～⑤のうちから一つ選べ。

① 宮中から急用を告げる召し使いが来たのでしかたがなかったのだと、事情を説明して理解を求めている。
② 自分が来たことは当然わかっていたはずだと抗弁し、あまりにも冷淡な作者の仕打ちを非難している。
③ 今後あなたに不信感を抱かせるようなことは二度としないと、自らの非を認め謙虚に許しを請うている。
④ 前もって召し使いに来訪を知らせたのだから自分には何の咎《とが》もないと開き直り、自分の行為を正当化している。
⑤ あなたが腹を立てるのも無理はないと作者の気持ちに寄り添う姿勢を示し、事を収めようとしている。

問5 傍線部Ｅ「いとどしう心づきなく思ふ」とあるが、この時の作者の気持ちを説明したものとして最も適当なものを、次の①～⑤のうちから一つ選べ。

① 夫に新しい妻ができたことを知り一時の感情に任せてひどい仕打ちをした自分を、少しも非難せず許してくれた夫の寛容さをありがたいと思っている。

② 複数の女性を妻に持つのは一人前の男として当然のことと理解していながら、夫の行動にいちいち目くじらを立ててしまって申し訳ないと思っている。

③ 複数の女性を妻にもつのは男として当然のこととわかってはいるが、夫の訪問がめっきり少なくなってしまったことを気にくわないと思っている。

④ しばらくの間は自分の手前うそを言ってでもうまくごまかせばいいものを、夫は平然としてよその女のところに通っているので不愉快だと思っている。

⑤ 夫に新しい妻ができたことは周知の事実なのに、いまだに宮中に用事があるとうそを言って出かける夫の往生際の悪さを嘆かわしいと思っている。

問6 次に掲げるのは、【文章Ⅰ】【文章Ⅱ】について話し合った生徒の会話である。彼らの意見のうち**適当でないもの**を、次の①〜⑥のうちから**二つ**選べ。

① 生徒A――【文章Ⅱ】にある『拾遺集』の詞書によると、Xの歌は、なかなか門を開けてもらえないことにしびれを切らした兼家の文句に対して道綱母が詠んだものとなっているよ。

② 生徒B――でも【文章Ⅰ】には、兼家が実際に門のところでずっと待っていたという明確な記述はないよ。本人は門が開くまで待っていたら夜が明けてしまったと手紙に書いてはいるけど。

③ 生徒C――【文章Ⅱ】の筆者が【文章Ⅰ】で書かれていることを「ひがごと」と言っているのは、Xの歌の「あくる」を「夜が明ける」意と「門を開ける」意の掛詞と解釈しているからだと思うな。

④ 生徒D――確かに、門を開けてもらえるまでの間が長いと感じるためには、最終的に門を開けてもらうという状況が必要になる。その点は【文章Ⅱ】にある『拾遺集』詞書の作歌事情に符合するね。

⑤ 生徒E――【文章Ⅰ】のYの歌は兼家の返歌だけど、その中の「あくる」は、「冬の夜」が「明くる」と「真木の戸」を「開くる」の掛詞になっている。どちらも遅いということで結びつくね。

⑥ 生徒F――そのYの歌に関して【文章Ⅱ】の筆者が捉えているように、兼家は独り寝をしながら夜明けを待つ間と門が開くのを待つ間とを比べて、門が開くのを待つほうがつらいと訴えているよ。

漢文

第1章

知識の整理

漢文第1章では、共通テストに対応するために必要な知識が身に付いているかどうか、基本的な問題を用いて確認していきます。確認するのは次の五項目。いずれも、文章題に取り組む前におさえておくべき基礎知識です。

- 。句形
- 。重要語―多訓多義の語―
- 。重要語―読みが頻出のもの―
- 。重要語―意味が頻出のもの―
- 。漢詩

なお、本書では、漢文の最も基本的な内容である訓読のしかた（返り点の用法）については、特別に紙面を割いていません。返り点の種類、働き、つけ方、読み方についてまだ不安があるという人は、手持ちの参考書や問題集などで基本をしっかりおさえた上で本書を利用してください。

❖句形がわからなきゃ始まらない！

句形とは、古文でいう文法のようなものです（句形を句法ということもありますが、本書では句形という用語を使用しています）。漢文はこの句形がわかっていないと点数が取れません。書き下し文の問題など句形に直接関わる設問だけでなく、解釈問題、内容把握問題でも傍線部に含まれる句形の理解が必要とされる場合が数多くあります。**句形の知識が点数に直結**するのです。

たとえば、次を見てください。これは22年度共通テストで出題されたものです。

問3 傍線部B「苟近レ我、我当レ図レ之」の解釈として最も適当なものを、次の①～⑤のうちから一つ選べ。

① どうか私に近づいてきて、私がおまえの絵を描けるようにしてほしい。
② ようやく私に近づいてきたのだから、私はおまえの絵を描くべきだろう。
③ ようやく私に近づいてきたのだが、どうしておまえを絵に描けるだろうか。
④ もし私に近づいてくれたとしても、どうしておまえを絵に描けただろうか。
⑤ もしも私に近づいてくれたならば、必ずおまえを絵に描いてやろう。

送り仮名が省かれた状態での解釈問題ということで、少し難しく感じるかもしれません。しかし、実は句形の知識のみで解ける問題です。文頭の「**苟**」に注目です。この漢字は**仮定**という句形に用いられるもので、**「苟《いやし》くも～ば」**のパターンで**〝もし(仮にも)～ならば〟**と訳します。その訳し方になっている選択肢は⑤のみです。同じように「もし」から始まる④に惑わされてはいけません。「もし～としても」は予想していたこととは逆の(または異なる)ことが起こるという意味の**逆接仮定条件**の言い方です。「苟」は**順接仮定条件**を表します。

またそれ以外の観点でも、④は誤答であることがわかります。③とともに後半の解釈が「どうして～描ける(描けた)だろうか。」となっていますが、これは**反語**の表現です。しかし、傍線部後半には反語の句形で使われる漢字は見当たりません。**「当」**は**再読文字**で**〝当然～べきだ〟**と訳します。直訳は〝私は当然おまえを絵に描くべきだ〟ですが、⑤の訳し方でも意訳の範囲ですから正答と考えて問題はありません。ちなみに、傍線部は「苟くも我に近づかば、我当《まさ》に之《これ》を図《えが》くべし」と書き下します。

もちろん句形の知識だけでは一つに絞れず、前後の文脈をきちんと把握しなければならない場合も多くあります。しかし、その傍線部に重要句形が含まれていたとして、それに気づくのと気づかないのとでは解答に費やす時間に大きな差が生まれます。短時間で確実に正答を導き出すために、**句形の知識は絶対に必要**なのです。

この「漢文第1章・知識の整理」では、返り点を除いたほぼ白文（送り仮名は句形に関わる部分のみ空欄）の形で短文を提示し、句形の知識を確認するとともに、返り点のつけ方の練習もしていきます。

❖重要語句も点数直結！

従来のセンター試験では、通常、問1は語句についての出題でした。ほとんどが語句の意味や読みを問う形ですが、同じ意味で使われている熟語を選ばせる出題などもありました。共通テストでもその傾向が踏襲され、22年度は問題文中での語句の意味を問う問題が出されました。三問のうち一つはある程度前後の文脈把握が必要でしたが、残り二つはその語句の読みがわかっていれば難なく解けるものでした。21年度は語句の問題文中で使われている意味と最も近い意味をもつ漢字を選ぶという問題だったのですが、意味が問われてはいるものの、実質的には重要語の読みの知識があれば解ける問題でした。このように**知識が点数に直結**することも多くあるのです。

また、一つの文字で複数の働きをもつものも、よく設問に関わってきます。問1で出される語句問題以外にも、**書き下しの問題や解釈問題でも、選択肢を絞る上で重要なポイント**になりえます。

紙面の都合で、問題として取り上げることができなかった重要語については、可能な限り解説で取り上げています。答え合わせをして終わり、ではなく、必ず解説にも目を通すようにしてください。

❖漢詩については押韻《おういん》と対句がわかればなんとかなる！

古文で和歌が苦手、と同じように、漢詩が苦手という人も多いでしょう。共通テストでは21年度、22年度と二年続けて漢詩とそれに関連する文章が出題されました。２０１０年度以降のセンター試験本試験では、20年度が漢詩のみの出題、10年度が設問中に漢詩が提示されるという出題でした。古文の和歌ほど出題頻度が高いわけではありませんが、出題の可能性がゼロとはいえないので、必要事項は一通り確認しておいたほうが無難です。

漢詩特有の出題としては、ほとんどが**押韻**に関するものですが、22年度は**詩の形式**についても問われました。押韻の問題は**空欄補充の形**で出題されます。さらに、押韻の基本的な知識に加え**対句**の知識があってこそ的確に正答を選べる場合も多くあります。この押韻と対句が関わる設問以外は、普通の文章で出される設問と中身は変わりません。つまり、共通テストレベルの漢詩問題対策として必要なものは、詩の形式、押韻、対句について理解することのみで十分です。

この「漢文第1章・知識の整理」では、最も基本的な知識である詩の形式について確認したあと、押韻と対句について必要事項を整理します。さらにセンター試験の過去問を利用した実戦問題を用意してありますので、身に付けた知識が実際に使えるものになっているか、チェックしましょう。

では、ここから知識の整理をしていきましょう。解答・解説は、本冊80ページ以降に載っています。

次ページの問題へＧＯ！

句形 これだけは！

（解答・解説は本冊80ページ）

❖読みの順番と訳の順番は基本的に同じであることを踏まえて返り点をつけよ。また、空欄に送り仮名を入れよ。

◇再読文字

① 晏子将（　）至《ラント》楚《ニ》。

訳 晏子（＝人名）は今にも楚（＝国名）に到着しそうだ。

② 人須《シ》（　）重《ンズ》礼儀《ヲ》。

訳 人はぜひとも礼儀を重んじる必要がある。

③ 過《チテハ》則《チ》宜《シ》（　）改《ム》之《ヲ》。

訳 過ちをおかしたならばそれを改めるのがよい。

④ 未《ル》（　）聞《カ》好《ム》学《ヲ》者《ヲ》也。

訳 まだ学問を好む人物について聞いたことがないのである。

⑤ 天下《ノ》事《ハ》非《ザル》若《ノ》所《ニ》当《キ》（　）言《フ》也。

訳 天下の事はおまえが当然口にすべき事ではないのである。

⑥ 君自《リ》故郷来《タル》、応《シ》（　）知《ル》故郷《ノ》事《ヲ》。

訳 あなたは故郷から来た、きっと故郷のことがわかるだろう。

◇否定

① 君子《ハ》無（　）終食之間《モ》違《フ》仁《ニ》。

訳 君子は食事の間も仁の徳が念頭から離れることがない。

② 己《ノ》所不《ル》欲《セ》勿（　）施《ス》於人《ニ》。

訳 自分がして欲しくないことは人にしてはならない。

③ 此《レ》天之亡《ボスニシテ》我《ヲ》、非（　）戦《ヒ》之罪《ニ》也。

訳 これは天が私を滅ぼすのであって、戦いの罪ではないのである。

④ 家貧《ニシテ》而不常（　）得油《ヲ》。

訳 家が貧しくて、いつも油が手に入るとは限らない。

⑤ 一寸《ノ》光陰不可（　）軽《ンズ》。

訳 ほんのわずかな時間も無駄に過ごしてはならない。

⑥ 眸子《ハ》不能（　）掩《フ》其《ノ》悪《ヲ》。

訳 瞳はその（心の中の）悪を隠すことができない。

◇疑問・反語

① 為《ニ》人《ノ》謀《リテ》而不《ル》忠《ナラ》乎。

訳 人の相談に乗ってやって真心を尽くさなかったことはないか。

②　安（　）用（　）重《クスルコトヲ》法《ヲ》邪。　＊用＝ハ上二「用ふ」

訳　どうして法を重くする必要があろうか、いやその必要はない。

③　君《ト》与父孰（　）重《キ》。

訳　主君と父親とではどちらが大切か。

④　豈（　）（　）望報《ヲ》乎。

訳　どうして恩返しを望むだろうか、いや望みはしない。

⑤　為《スコト》之《ヲ》如何（　）。

訳　これをするにはどうしようか（＝どうしたらよいか）。

◇使役・受身・比較

①　使（　）子路（　）問《ハ》之《ヲ》。

訳　子路（＝人名）にこのことを尋ねさせた。

②　恐《ル》見疑《ハ》平生《ノ》過失《ヲ》及《バンコトヲ》誅《ニ》。

訳　普段の過失を疑われ死刑になることを恐れた。

③　章後《ニ》為（　）王莽（　）所《ト》殺《ス》。

訳　章（＝人名）は後に王莽（＝人名）に殺された。

---

④　労《スル》力《ヲ》者《ハ》治（　）於人《ニ》。

訳　肉体労働をする者は人に治められる。

⑤　氷《ハ》水為《リテ》之《ヲ》、而寒《シ》於水（　）。

訳　氷は水が作るものだが、もとの水よりも冷たい。

⑥　地《ノ》利《ハ》不如（　）人《ノ》和《ニ》。

訳　地勢の有利なことは、人々が力を合わせることには及ばない。

◇抑揚・仮定・詠嘆・限定

①　死馬《スラ》且（　）買《フ》之《ヲ》、況（　）生《ケル》者《ヲ》乎。

訳　（燕王《えんおう》は）死んだ馬の骨でさえ高く買ったのだから、まして生きている馬ならなおさら高く買うはずである。

②　雖（　）有《リト》知恵、不如（　）乗《ズルニ》勢《ヒニ》。

訳　たとえ知恵があっても、時の勢いを利用するのには及ばない。

③　豈（　）不誠《ノ》大丈夫《ナラ》哉。

訳　（公孫衍《こうそんえん》と張儀《ちょうぎ》は）なんと本当の男の中の男ではないか。

④　直（　）不《ル》百歩《ナラ》耳。

訳　（逃げたのが）ただ百歩ではないというだけだ。

重要語 ― 多訓多義の語 ― これだけは！

（解答・解説は本冊84ページ）

❖空欄に太字部分の読みを書き入れ、書き下し文を完成させせよ。ただし、■■に入る送り仮名も含め、**平仮名・現代仮名遣い**で答えること。

◇与

① 富《ト》**与**《ハ》レ貴、是《レ》人之所レ欲《スル》也。

▼富《とみ》と貴《き》〔　　〕は、是《こ》れ人《ひと》の欲《ほっ》する所《ところ》なり。

② 礼《ハ》**与**■■二其《ノ》奢《ラン》一也寧《ロ》倹《セヨ》。

▼礼《れい》は其《そ》の奢《おご》らん〔　　〕寧《むし》ろ倹《けん》せよ。

③ 不仁者《ハ》可《ケン》二**与**■言《フ》一乎。

▼不仁者《ふじんしゃ》は〔　　〕言《い》ふべけんや。

④ 其《レ》孰《カ》能《ク》**与**《ラン》二於此《ニ》一。＊〝関わる〟の意。

▼其《そ》れ孰《たれ》か能《よ》く此《これ》に〔　　〕らん。

⑤ 天道無《シ》レ親、常《ニ》**与**《ス》二善人《ニ》一。＊〝味方する〟の意。

▼天道《てんだう》親《しん》無《な》し、常《つね》に善人《ぜんにん》に〔　　〕す。

◇如・若

① 大絃《ハ》嘈嘈《トシテ》**如**■二急雨《ノ》一。

▼大絃《たいげん》は嘈嘈《さうさう》として急雨《きふう》の〔　　〕。

② 興《スハ》二一利《ヲ》一不レ**若**■レ除《クニ》二一害《ヲ》一。

▼一利《いちり》を興《おこ》すは一害《いちがい》を除《のぞ》くに〔　　〕ず。

③ **如**■知《レバ》二其《ノ》非《ザルヲ》レ義《ニ》一、斯《チ》速《カニ》已《メンノミ》矣。

▼〔　　〕其《そ》の義《ぎ》に非《あら》ざるを知《し》れば、斯《すなは》ち速《すみや》かに已《や》めんのみ。

④ **若**《ハ》非《ズ》二吾《ガ》故人《ニ》一乎。

▼〔　　〕は吾《わ》が故人《こじん》に非《あら》ずや。

◇已

① 漢皆**已**■得《タル》レ楚《ヲ》乎。

▼漢皆《かんみな》〔　　〕楚《そ》を得《え》たるか。

② 学《ハ》不レ可《カラ》二以《テ》**已**■一。

▼学《がく》は以《もつ》て〔　　〕べからず。

③ 放辟邪侈、無《キ》レ不《ルコト》レ為《サ》**已**。

▼放辟邪侈《はうへきじやし》、為《な》さざること無《な》き〔　　〕。

◇自

① 有リ下朋ノ自■二遠方一来タル上。

▼朋《とも》の遠方《ゑんぱう》〔　　〕来《き》たる有《あ》り。

② 引キテ二壺觴ヲ一以テ自■酌ム。 ＊〝自分自身で〟の意。

▼壺觴《こしやう》（＝酒壺と杯）を引《ひ》きて以《もつ》て〔　　〕酌《く》む。

③ 読書百遍、義自■見ハル。 ＊〝自然と〟の意。

▼読書百遍《どくしよひやくへん》、義《ぎ》〔　　〕見《あら》はる。

重要語 ― 読みが頻出のもの ― これだけは！

（解答・解説は本冊86ページ）

❖次の語の読みを、**平仮名・現代仮名遣い**で答えよ。送り仮名がついているものはそれも含めて答えること。

① 所謂〔　　〕　② 所以〔　　〕

③ 是ヲ以テ〔　　〕　④ 以テレ是ヲ〔　　〕

⑤ 於テレ是ニ〔　　〕　⑥ 如シレ是ノ〔　　〕

⑦ 以為ヘラク〔　　〕　⑧ 幾何〔　　〕

⑨ 数〻〔　　〕　⑩ 適〻〔　　〕

⑪ 乃チ〔　　〕　⑫ 忽チ〔　　〕

⑬ 遂ニ〔　　〕　⑭ 陰カニ〔　　〕

⑮ 尽ク〔　　〕　⑯ 具ニ〔　　〕

⑰ 故ヨリ〔　　〕　⑱ 因リテ〔　　〕

⑲ 蓋シ〔　　〕　⑳ 対フ〔　　〕

㉑ 寡シ〔　　〕　㉒ 少シ〔　　〕

※⑨・⑩の「〻」は繰り返しを表す記号。
※㉒は「すくなし」以外の読み。

重要語 ― 意味が頻出のもの ― これだけは！

（解答・解説は本冊86ページ）

❖次の意味をもつ語をあとの語群から選び、**漢字に直して**答えよ。なお、語群の読みは現代仮名遣いを用いた。

① 私（諸侯などの自称）〔　　〕
② 私（家来が君主に対して用いる自称）〔　　〕
③ あなた〔　　〕
④ そば近く仕える者・側近〔　　〕
⑤ 徳の高いりっぱな人〔　　〕
⑥ 人民・民衆〔　　〕
⑦ 人の世・世間〔　　〕
⑧ 古くからの知り合い・旧友〔　　〕
⑨ 将来まで見通した深い考え〔　　〕
⑩ 正しいことと正しくないこと・善悪〔　　〕

【語群】

・ぜひ　・こじん　・くんし　・ひゃくせい
・しん　・かじん　・さゆう　・えんりょ
・し　・じんかん

漢詩 これだけは！

（解答・解説は本冊87ページ）

❖空欄に適語を書き入れよ。

◇詩の形式

○一句に五文字、四句構成の詩を①（　　）という。
○一句に五文字、八句構成の詩を②（　　）という。
○一句に七文字、四句構成の詩を③（　　）という。
○一句に七文字、八句構成の詩を④（　　）という。

◇押韻《おういん》

○五言詩は偶数句末、七言詩は原則として第一句末と偶数句末に韻を踏む。たとえば、五言絶句は第①（　・　）句末、七言律詩は第②（　・　・　・　・　）句末、七言絶句は第③（　・　・　）句末に韻を踏む。

◇対句

○並んだ二句の字数や文法構造が同じで、意味内容に共通性または対立性があるもの。絶句は決まっていないが、律詩では原則的に第①（　）句と第②（　）句、第③（　）句と第④（　）句をそれぞれ対句にする。

実戦問題

1 次の二編の漢詩の空欄に入る語の組合せとして最も適当なものを、あとの①～⑥のうちから一つ選べ。

（解答・解説は本冊88ページ）

【Ⅰ】（陸游《りくゆう》『剣南詩稿《けんなんしこう》』による）

*裹《つつミテ》レ塩《ヲ》迎《ヘ》得《タリ》小*狸《り》奴《ど》
尽《ク》護《まもル》*山房万巻《ノ》 a
慚《ざん》愧《きス》家貧《ニシテ》*策《スルコト》レ勲《いさをヲ》薄《ク》
寒《ニ》無《ク》二*氈《せんノ》坐《スル》一食《ニ》無《キヲ》レ魚

【Ⅱ】（良寛《りょうかん》『草堂集《そうどうしゅう》』による）

家《ニ》有《リ》二猫《ト》与《と》レ鼠《ねずみ》一　総《すべテ》是《これ》一*蒙《もう》皮《ひ》
猫《ハ》飽《キテ》白昼《ニ》眠《リ》　鼠《ハ》飢《ヱテ》玄夜《ニ》 b
猫児有《ル》二何《ノ》能《カ》一　覘《うかがヒテ》レ生《ヲ》屢《しばしば》*中《あたル》レ機《ニ》
鼠子《そし》有《ル》二何《ノ》失《カ》一　穿《うがツハ》レ器《ヲ》也《また》太《はなはダ》非《ナリ》
穿《ツモ》レ器《ヲ》而可《シ》レ補《フ》　逝《ゆキシ》者《ハ》不二復《タ》帰《ラ》一
若《シ》問《ハバ》二罪《ノ》軽重《ヲ》一　秤《はかりハ》可《シ》レ傾《ク》二猫児《ニ》一

（注）*裹――包み送る。
*狸奴――猫の別称。
*山房――書斎。
*策レ勲――功績を讃《たた》える。
*氈――毛氈。フェルト状の織物。
*蒙皮――毛におおわれたけもの。
*中レ機――チャンスをものにする。

① a―著、b―行　② a―著、b―走
③ a―書、b―之　④ a―書、b―行
⑤ a―詩、b―走　⑥ a―詩、b―之

2 次の漢詩の空欄に入る語とその読み方として最も適当なものを、あとの①～⑥のうちから一つ選べ。

欲《シ》レ下《サント》二丹青《ノ》筆《ヲ》一、先《まヅ》拈《とル》二宝鏡《ノ》端《ヲ》一。
已《ニ》驚《ク》顔《ノ》索《さく》寞《ばくタルニ》、漸《やうやク》覚《ユ》鬢《びんノ》*凋《てう》残《ざんスルヲ》。
涙眼描《キ》将《ゆクコト》易《ク》、愁腸写《シ》出《ダスコト》□。
恐《ル》二君《ノ》渾《すべテ》忘却《センコトヲ》一、時《ニ》展《ひろゲテ》二画図《ヲ》一看《ヨ》。

（范攄《はんちょ》『雲渓友議《うんけいゆうぎ》』による）

（注）*凋残――衰えて抜け落ちる。

① 痛　いたし　② 難　かたし　③ 哀　かなし
④ 寂　さびし　⑤ 辛　つらし　⑥ 安　やすし

漢文

第2章 チャレンジテスト

漢文第2章では、実戦問題として共通テストの模擬問題を三題用意しました。二題はセンター試験の過去問題を共通テストのパターンにアレンジしたもの、残りの一題は本書オリジナルの問題です。実戦問題に取り組んでもらう前に、文脈把握のポイントについてお話ししておきます。

❖文脈把握のポイントは？

まず、**知らない漢字や語句が出てきてもあせらない**こと。もしそれが文脈をつかむ上で重要な語句なら注に説明がある、もしくはその語句の意味をつかむための手がかりが文章中のどこかにあるはずです。自分が知っている語句（漢文重要語句の習得は必須）や問題中に提示された情報で、話の内容は十分につかめるのです。

また、**最初の1、2行で、その文章がどういうパターンの話なのか、見当をつけてから読む**とよいでしょう。話のパターンによって文章の読み方が多少異なってくるからです。**前書き（リード文）**があったら、そこにもパターン推測の重要な情報が含まれていることが多いので、必ず最初に目を通すようにします。

次にパターン別の読み方アドバイスをまとめておきます。作品ジャンルではなく文章の内容から、ざっくりと二つのパターンに分けました。

Ａ 人物が登場して行動したり会話をしたりする、物語的パターン

① **人物を表す語**には必ず印をつけて（丸や四角で囲ったり、傍線を引いたりして）読む。
② 動作主や会話主が省略されていたら、**人物名を補う**（略称でＯＫ）。
③ **〝誰が（誰に）どうした〟**のかを追いながら読み進める。

物語的な内容の文章をさらに細かく見てみると、
- 著名な人物の言行や人物像などを伝える話
- 臣下などが君主に対し、国の治め方などについて進言する話
- 君主が過ちを犯しそうになり、それを臣下などが諫《いさ》める話
- 故事や教訓などを伝える話

など、さまざまなものがありますが、基本的には先ほど挙げた読み方で読んでいけば話の筋はつかめます。

B 筆者があるテーマについて自分の主張を述べるパターン

① 何について述べた文章なのか、**テーマ**をつかむ。取り上げられるテーマは、文化、人生、政治などさまざまだが、たいていは前書きや文章の冒頭を読めばテーマがわかる。

② **主張を述べている部分**と**根拠を述べている部分**を分けて読む。「根拠」は**たとえ話**や**具体例**の形で登場することが多い。たとえ話・具体例のあとで本題（主張）に戻る際は、接続語的に**「今」**という語がよく用いられる。

③ キーワードとなる語句に印をつけたり、主張部分に傍線をつけたり、論の展開に従ってブロックごとにスラッシュ（／）を入れたりなど、**思考のプロセスを紙に残しながら**読む。

④ 指示語が出てきたら**指示内容**を正確につかむ。

なお、Aパターンの文章でも、登場人物が会話の中で自分の主張を述べていて、その部分が全体の半分以上になるという場合もあります。たとえば、先ほど挙げた「進言する話」や「諫める話」などに多く見られます。その場合は、部分的にBパターンの文章の読み方を使って内容をつかんでいきましょう。

❖文章題はこの手順で解く！

次はオススメの解き方（手順）です。まだ自分なりの解き方が確立できていない人は参考にしてください。漢文問題は、できれば**15分**で片をつけたいところです。その時間設定で、各段階の所要時間を概算しました（本文の長さ、問題の難易度で多少変わります）。

漢文問題は古文と違って文章が短いですし、話の筋も比較的シンプルです。そこで、**一回目の読みの段階で可能な限り設問を解いていく**というやり方のほうが効率がよいでしょう。**二回目の読みで改めて全体の流れをつかみながら、答えを再確認する**という流れです。

① 予備情報の確認（１分）

- **注**に目を通す。**前書き（リード文）**がある場合は、前書きにも目を通す。
- **登場人物や状況設定、文章のテーマに関する情報**を整理する。

⬇

② 一回目の読み＆設問解答（10分）

- 文章パターンの読み方に従って、**印をつけるなど書き込みをしながら**本文を読む。
- 文脈をつかみながら、可能な範囲で**設問を解く**。
- 内容把握問題は、直後の文がヒントになっている場合もあるので、**少し先まで読んだ上で**選択肢を吟味する。
- 選択肢を絞る際には、ブロックごとに区切りを入れたり、重要部分に傍線をつけたりなど、**思考のプロセスを紙に残しながら**選択肢を吟味する。
- この時点で一つに絞れない場合は、**答えの候補に印**をつけておく。

⬇

③ 二回目の読み＆最終確認（４分）

- **全体の流れをつかみながら**、再度本文を読む。
- 一回目の読みで出した**答えを確認**する。複数の正答候補を残しておいたものは、一つに絞る。

では、ここからチャレンジテストで実戦力を身に付けていきましょう。解答・解説は、本冊92ページ以降に載っています。解法のポイントや重要事項をわかりやすくまとめてありますので、特に間違えてしまった設問については、解説を参考にして間違えた原因を分析し、次につなげましょう。

☞ 次ページの問題へGO!

1 『続《ぞく》資《し》治《じ》通《つ》鑑《がん》長《ちょう》編《へん》』

（解答・解説は本冊92ページ）

❖次の文章を読んで、あとの問い（**問1～6**）に答えよ。なお、設問の都合で返り点・送り仮名を省いたところがある。

嘉《か》（注1）祐《いう》ハ、禹《う》（注2）偁《しよう》ノ子也。嘉祐ハ平時ハ若㆓キモ愚《ぐ》（注3）騃《がい》㆒ノ、I 独リ寇《こう》（注4）準《じゆん》ノミ知㆑之。II 準知㆓開（注5）封府㆒、一日、問㆓ヒテ嘉祐㆒ニ曰ハク、「外（注6）間議 X ㆑準ヲ云何《いかん》ト。」嘉祐曰ハク、「外人皆云㆓フト丈（注7）人旦（注8）夕入リテ（注9）相㆒タラント。」準曰ハク、「於《お》㆓イテハ吾《ご》（注10）子《し》㆒ニ意《おも》フコト何如《いかん》ト。」嘉祐曰ハク、「以㆑テ愚ヲ（注11）観《み》㆑ルニ之ヲ、A 丈人不若未為相。為相則誉望損矣。」準曰ハク、「何ノ故ゾト。」嘉祐曰ハク、「自《よ》㆑リ古《いにしへ》賢相ノ所㆘以能ク建㆓テ功業㆒ヲ Y 沢㆗生（注12）民㆖ヲ者《は》、其ノ君臣相ヒ得ルコト皆如㆓（注13）ケレバナリ魚之有㆑ルガ水。故ニ B 言聴カレ計従ハレ、而シテ功名倶《とも》ニ美ナリ。今丈人負㆓ヒ天下ノ重望㆒ヲ、相タレバ則チ中外以㆓テ太平㆒ヲ責《もと》メン焉。丈人之于《お》㆓ケルヤ明（注14）主㆒ニ、能ク若㆓キ魚之有㆑ルガ水乎《か》。C 嘉祐ノ所㆔以恐㆓ルル誉望之損㆒ナハレンコトヲ也ト。」準喜ビ、起《た》チテ執《と》㆓リテ其ノ手㆒ヲ曰ハク、「元《げん》（注15）之《し》ハ雖㆔モ文章ハ冠㆓タリト天下㆒ニ、D 至㆓リテハ於深識遠慮㆒ニ、殆《ほとん》ド不㆑ル能㆑ハ勝㆓ルニ吾子㆒ニ也ト。」

（李燾《りとう》『続資治通鑑長編』による）

（注）1 嘉祐――王嘉祐。北宋の人。
2 禹偁――王禹偁。王嘉祐の父で、北宋の著名な文人。
3 愚騃――愚かなこと。
4 寇準――北宋の著名な政治家。　5 開封府――現在の河南省開封市。北宋の都であった。
6 外間――世間。　7 丈人――あなた。年長者への敬称。
8 旦夕――すぐに、間もなく。　9 入――朝廷に入って役職に就く。
10 吾子――あなた。相手への親しみをこめた言い方。
11 愚――私。自らを卑下する謙譲表現。　12 生民――人々。
13 如二魚之有レ水――魚に水が必要であるようなものだ。君臣の関係が極めて良好であるさま。
14 明主――皇帝を指す。　15 元之――王禹偁の字《あざな》。

問1 二重傍線部**X**「議」、**Y**「沢」の意味の組合せとして最も適当なものを、次の①～⑤のうちから一つ選べ。

① **X** 相談する　**Y** 水を用意する
② **X** 非難する　**Y** 田畑を与える
③ **X** 論評する　**Y** 恩恵を施す
④ **X** 礼賛する　**Y** 物資を供給する
⑤ **X** 批判する　**Y** 愛情を注ぐ

問2 波線部Ⅰ「知㆑之」・Ⅱ「知㆓開封府㆒」の解釈として最も適当なものを、次の各群の①～⑤のうちから、それぞれ一つずつ選べ。

Ⅰ「知㆑之」

① 王嘉祐が決して愚かな人物ではないことを知っていた
② 王嘉祐が乱世には非凡な才能を見せることを知っていた
③ 王嘉祐が世間の評判通り愚かであるということを知っていた
④ 王嘉祐が王禹偁の子にしては愚かなことを知っていた
⑤ 王嘉祐が王禹偁の文才を受け継いでいることを知っていた

Ⅱ「知㆓開封府㆒」

① 開封府の長官の知遇を得た
② 開封府には知人が多くいた
③ 開封府の知事を務めていた
④ 開封府から通知を受けた
⑤ 開封府で王嘉祐と知りあった

問3 傍線部A「丈人不若未為相。為相則誉望損矣」について、(i)書き下し文・(ii)その解釈として最も適当なものを、次の各群の①～⑤のうちから、それぞれ一つずつ選べ。

(i) 書き下し文

① 丈人に若《し》かずんば未だ相と為《な》らず。相と為れば則ち誉望損なはれんと

② 丈人未だ相の為《ため》にせざるに若かず。相の為にすれば則ち誉望損なはれんと

③ 丈人若《なんぢ》の未だ相と為らずんば不《あら》ず。相と為れば則ち誉望損なはれんと

④ 丈人未だ相と為らざるに若かず。相と為れば則ち誉望損なはれんと

⑤ 丈人に若かずんば未だ相の為にせず。相の為にすれば則ち誉望損なはれんと

(ii) 解釈

① 誰もあなたに及ばないとしたら宰相を補佐する人はいません。ただ、もし補佐する人が現れたら、あなたの名声は損なわれるでしょう。

② あなたはまだ宰相を補佐しないほうがよろしいでしょう。もし、あなたが宰相を補佐すれば、あなたの名声は損なわれるでしょう。

③ あなたはまだ宰相とならないほうがよろしいでしょう。もし、あなたが宰相となれば、あなたの名声は損なわれるでしょう。

④ あなたは今や宰相とならないわけにはいきません。ただ、あなたが宰相となれば、あなたの名声は損なわれるでしょう。

⑤ 誰もあなたに及ばないとしたら宰相となる人はいません。ただ、もし宰相となる人が現れたら、あなたの名声は損なわれるでしょう。

問4　傍線部B「言聴計従」とあるが、(i)誰の「言」「計」が、(ii)誰によって「聴かれ」「従はれ」るのか。(i)と(ii)との組合せとして最も適当なものを、次の①〜⑤のうちから一つ選べ。

① (i) 丈人　(ii) 相
② (i) 君　(ii) 生民
③ (i) 賢相　(ii) 君
④ (i) 明主　(ii) 賢相
⑤ (i) 生民　(ii) 明主

問5 傍線部C「嘉祐所㆔以恐㆓誉望之損㆒也」とあるが、王嘉祐がそのように述べるのはなぜか。その理由として最も適当なものを、次の①〜⑤のうちから一つ選べ。

① 宰相は寇準に対して天下を太平にしてほしいと期待するだろうが、もし寇準が昔の偉大な臣下より劣るとすれば太平は実現されず、宰相の期待は失われてしまうから。

② 人々は寇準に対して天下を太平にしてほしいと期待するだろうが、もし寇準が皇帝と親密な状態になれなければ太平は実現されず、彼らの期待は失われてしまうから。

③ 皇帝は寇準に対して天下を太平にしてほしいと期待するだろうが、もし寇準の政策が古代の宰相よりも優れていなければ太平は実現されず、皇帝の期待は失われてしまうから。

④ 人々は寇準に対して天下を太平にしてほしいと期待するだろうが、もし寇準が皇帝の意向に従ってしまえば太平は実現されず、彼らの期待は失われてしまうから。

⑤ 宰相は寇準に対して天下を太平にしてほしいと期待するだろうが、もし寇準が皇帝の信用を得られなければ太平は実現されず、宰相の期待は失われてしまうから。

問6　次に掲げるのは、傍線部**D**「至㆓於深識遠慮㆒、殆不㆑能㆑勝㆓吾子㆒也」についての教師と生徒の会話である。会話中の空欄 (a) ・ (b) に入る最も適当なものを、あとの各群の①～⑤のうちから、それぞれ一つずつ選べ。

生徒A　傍線部の中に「遠慮」という語句がありますが、これってふだん僕たちが使っている「遠慮」と違う意味のような気がします。

生徒B　あ、それ、私も思いました。「遠慮」って、「他人に対して言葉や行動を控えめにする」という意味で使いますよね。「おタバコはご遠慮ください」などと言うと、やんわりとその行為を禁止する意味にもなるし。

生徒A　でも、この部分って、寇準が嘉祐の言葉を聞いて喜んで言った言葉ですよね。嘉祐って何か控えめに行動してましたっけ？

教師　実はね、「遠慮」のもともとの意味、つまり中国語の意味は私たちがふだん使っている意味とちょっと違うんだよ。たとえば、『論語』の中に孔子《こうし》の言葉としてこんなのがあるよ。

人無《ケレバ》㆓遠慮㆒、必《ズ》有《リ》㆓近憂㆒。（『論語』衛霊公）

生徒B　前半と後半が対句になっています。「近憂」は「近き憂ひ」、「遠慮」は「遠き慮《おもんぱか》り」とも読めますね。

教師　いいところに気づいたね。それから、本文では「深識遠慮」で一つの熟語になっているけど、似た熟語に「深謀遠慮」というのがある。前漢時代の政治家・賈誼《かぎ》という人が書いた『過秦論《かしんろん》』の一文にこんなのがあるよ。

深謀遠慮、行軍用兵之道《ハ》、非《ザル》㆑及《ブニ》㆓曩時《なうじ》之士《ニ》㆒也。

これは秦代末期に農民たちを率いて反乱を起こした陳勝《ちんしょう》という人物について述べたもので、彼の「深謀遠慮」と「行軍用兵の道」は、かつての戦国の軍士に及ぶものではなかった、と言っているんだ。「深謀」は「深く考えた計画」といった意味、「行軍用兵の道」は軍を進め兵を用いる方法のことだよ。

生徒A　なるほど。傍線部中の「遠慮」がどんな意味かわかってきました。となると、傍線部**D**は「［(a)］という点では、父の王禹偁もおそらく王嘉祐にはかなわない」と解釈できますね。

生徒B　そうですね。そしてそれは、王嘉祐が［(b)］ということからの評価と考えられます。

(a)

① 先を見通した見識の高さ
② 歴史についての知識の深さ
③ 政治家としての配慮の適切さ
④ 決して自説を曲げない意志の強さ
⑤ 自身の立場を考えた言動の慎重さ

(b)

① 寇準に問われるまで、理想の君臣関係に関する自分の見解をあえて述べなかった
② 寇準の政治的立場を無視した世間の大多数の意見に対して、真っ向から反論した
③ 宰相が政治を行う際、どのように民衆と向き合うべきかを深く知っていた
④ 皇帝と宰相の政治的関係を深く理解し、寇準の今後の進退について的確に進言した
⑤ 古代の名宰相の功績を参考にして今の政治の問題点を分析し、改善の道を開いた

2 『野鴻詩的《やこうしてき》』

（解答・解説は本冊104ページ）

❖次の文章を読んで、あとの問い（**問1～6**）に答えよ。なお、設問の都合で送り仮名を省いたところがある。

世(注1)之学ブ者、(1)動モスレバ以テ二杜《と》(注2)詩ヲ一為シ二難解ト一、不二肯ヘテ一一タビモ過《とほ》サレ目ヲ。所ノ二咿《い》(注3)哦《が》スル一者ハ、非ザレバ二宋《そう》(注4)・明《みん》ニ一即チ晩唐ナリ。A詎《なん》ゾ知ランヤ薫《くん》染《せん》スルコト(注5)既ニ深ク、後雖レモ欲レスト進マント二乎杜ニ一、也《ま》タ可レキカヲ得乎。

説ク(注6)者謂フ、学ブ者ハ当ニ二クシテ登ルニレ高キニ自リスレ卑《ひく》キ、不トレ可カラ二躐《れふ》(注7)等《とう》ス一。此ノ言近クシテレ(2)是ニ而非ナルハ、道ニ有ルガレ不ルレ同ジカラ故也。如シ上ルニ二泰《たい》山《ざん》ニ一(注8)由リシテ二梁《りやう》(注9)父《ほ》一而登ラバ、此レヲ之レ謂フレ自リストレ卑キ。若シ歴ヘテ二鳧《ふ》(注10)・繹《えき》ヲ一而冀《ねが》ハバレ造《いた》ラント二日(注11)観之巓《いただき》ニ一、跡《たづ》ヌルコトレ之ヲ愈《いよいよ》労《くる》シク、去ルコトレ之ヲ愈遠シ矣。

B然則学レ杜者当二何如一而可。余曰ハク、検《けみ》シ三杜之五律(注12)ノ中《うち》浅近ニシテ易明ナル者、如キヲ二「天河」「蛍《けい》火《くわ》」「初月」「画《ゑが》クレ鷹《たか》ヲ」「端午ニ賜《たまは》ルノレ衣ヲ」詠《えい》物《ぶつ》等ノ篇ノ一、反復尋《じん》繹《えき》セバ(注13)、心目自《おのづか》ラ明ラカニシテ、門戸ニテ不ルレ患《わづら》ハ三其ノ不ルヲ二望見セ一也。C由《よ》リシテレ此而進マバ、歴テレ階《かい》ヲ升《のぼ》ルコトレ堂ニ、殆《ほとん》ド有ランレ期矣。

（黄子雲《こうしうん》『野鴻詩的』による）

（注）1 世之学者――近ごろの、学問・文芸を修めようとする人。
2 杜詩――唐代の詩人、杜甫《とほ》の詩。唐代の詩は、初唐・盛唐・中唐・晩唐の四つの時期に区分され、杜甫は盛唐の詩人。
3 咿哦――吟詠する。朗唱する。
4 宋・明――ここでは、宋代・明代の詩を指す。
5 薫染――影響を受けること。
6 説者――説を述べる人。論者。
7 躐等――段階を飛び越えること。
8 泰山――山東省にある名山。
9 梁父――泰山の麓《ふもと》にある低い山。
10 梟・繹――梟山と繹山。ともに泰山から見て遥《はる》か南にある低い山。
11 日観――日観峰。泰山の最も高い峰の一つ。
12 五律――五言律詩。なお、「天河」より「端午賜レ衣」までは、杜甫の「詠物」詩（具体的な物を詠じた詩）の作品名。
13 尋繹――探究する。

漢文第2章 チャレンジテスト

問1 傍線部(1)「動」・(2)「是」の意味として最も適当なものを、次の各群の①～⑤のうちから、それぞれ一つずつ選べ。

(1)「動」
① いきなり
② みだりに
③ いやしくも
④ とかく
⑤ まれに

(2)「是」
① このこと
② 似ていること
③ 離れていること
④ あらゆること
⑤ 正しいこと

問2 傍線部A「詎知、薫染既深、後雖レ欲レ進二乎杜一、也可レ得乎」の解釈として最も適当なものを、次の①～⑤のうちから一つ選べ。

① 詩を学ぶ者は、宋代・明代の詩や晩唐の詩の影響をすでに色濃く受けていることを知っているので、のちに自分から杜詩を学ぼうとはしないのだ。
② 詩を学ぶ者は、宋代・明代の詩や晩唐の詩の影響をすでに色濃く受けてはいても、のちに杜詩を学べばまた得るところがあるのを知らないのだ。
③ 詩を学ぶ者は、宋代・明代の詩や晩唐の詩の影響をすでに色濃く受けてしまっているが、のちに杜詩を学ぼうとするのに何の妨げもないことを知らないのだ。
④ 詩を学ぶ者は、宋代・明代の詩や晩唐の詩の影響をすでに色濃く受けてしまっていることを知らないので、のちに杜詩を学ぼうとしても、もはや得るところはないのだ。
⑤ 詩を学ぶ者は、宋代・明代の詩や晩唐の詩の影響をすでに色濃く受けてしまっているので、のちに杜詩を学ぼうとしても、もはやできなくなっていることを知らないのだ。

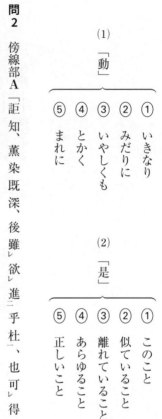

問3 第二段落で、筆者は詩を学ぶことを山に登ることに喩《たと》えているが、それぞれの対象として挙げられているものの対応関係を次のような表にまとめた場合、空欄Ⅰ～Ⅲに入るべき語の組合せとして最も適当なものを、あとの①～⑤のうちから一つ選べ。

杜詩	杜詩の中の「天河」「蛍火」「初月」「画ㇾ鷹」「端午賜ㇾ衣」などの作品	宋・明・晩唐の詩
Ⅰ	Ⅱ	Ⅲ

① Ⅰ 梁父 Ⅱ 鳧・繹 Ⅲ 泰山

② Ⅰ 鳧・繹 Ⅱ 梁父 Ⅲ 泰山

③ Ⅰ 泰山 Ⅱ 梁父 Ⅲ 鳧・繹

④ Ⅰ 梁父 Ⅱ 泰山 Ⅲ 鳧・繹

⑤ Ⅰ 泰山 Ⅱ 鳧・繹 Ⅲ 梁父

問4 傍線部B「然 則 学レ 杜 者 当二 何 如一 而 可」について、(i)書き下し文・(ii)その解釈として最も適当なものを、次の各群の①～⑤のうちから、それぞれ一つずつ選べ。

(i) 書き下し文

① 然らば則ち杜を学ぶ者は何れのごときに当たらば而《すなは》ち可ならんや
② 然らば則ち杜を学ぶ者は当に何如ぞ而ち可とせんや
③ 然らば則ち杜を学ぶ者は当に何れのごとくにすべくんば而ち可なり
④ 然らば則ち杜を学ぶ者は当に何如なるべくんば而ち可なるか
⑤ 然らば則ち杜を学ぶ者は何如に当たりて而ち可ならんか

(ii) 解釈

① それならば、杜詩を学ぶ者はいったいどのようであればいいのであろうか。
② そうではあるが、杜詩を学ぶ者はどうしたらいいのかわかっているのであろうか。
③ それならば、杜詩を学ぶ者はどのようなときに対処できるのであろうか。
④ そうではあるが、杜詩を学ぶ者は本当にどのようなことも可能になるのだ。
⑤ さもなければ、杜詩を学ぶ者はどのようなときにも実力を発揮できないのではないか。

問5 傍線部C「由レ此而進、歴レ階升レ堂、殆有レ期矣」からうかがわれる筆者の主張を説明したものとして最も適当なものを、次の①〜⑤のうちから一つ選べ。

① 山に登る場合、下から一歩ずつ着実に登ることが大切だが、学問・文芸を修めようとする場合も、この原則を守れば高度な作品を避けて始めたとしても順調に上達し、いずれすぐれた境地に達するときがくるのだ。

② 山も登る対象を誤ると高い頂上にたどり着けなくなるので、学問・文芸を修めようとする場合も、人々から注目されている分野を選んで着実に始めれば順調に上達し、いずれすぐれた境地に達するときがくるのだ。

③ 山にもさまざまな高さのものがあるように、学問・文芸を修めようとする場合も、どれを対象として選択してもよく、初歩から一歩ずつ着実に始めれば順調に上達し、いずれすぐれた境地に達するときがくるのだ。

④ 山に登る場合も学問・文芸を修めようとする場合も、選ぶ対象が重要であって、どちらも高い目標を選択して、その低いところから着実に進み始めてこそ順調に上達し、いずれすぐれた境地に達するときがくるのだ。

⑤ 山の頂上にたどり着くにはなるべく安全な道を選ぶべきで、学問・文芸を修めようとする場合も、同様に基礎的でわかりやすい内容のものから始めれば順調に上達し、いずれすぐれた境地に達するときがくるのだ。

問6　次に示した五言律詩は、本文の波線部「杜之五律」の一例として挙げられた「蛍《けい》火《か》」の詩である。これを読んであとの問いに答えよ。

蛍火

幸《もとヨリ》因《より》二腐草《ニ》一出《ヅ》　敢《ヘテ》近《ヅキテ》二太陽《ニ》一飛《バンヤ》
未《ダ》《ルモ》レ足《ラ》レ臨《ムニ》二書巻《ニ》一　時《ニ》能《ク》点《てんズ》(注1)二客衣《ニ》一
随《したがヒテ》レ風《ニ》隔《テテ》レ幔《とばりヲ》小《サク》　帯《ビテ》レ雨《ヲ》傍《そヒテ》レ林《ニ》 Ⅳ
十月清霜重《シ》　飄《へう》(注2)零《れいシテ》何《いづレノ》処《ニカ》帰《きスル》

(注) 1　点二客衣一 —— 旅人の衣にとまり光を灯《とも》す。ここでの旅人は作者自身のこと。
2　飄零 —— 衰え弱る。

(i)　空欄Ⅳに入る文字として最も適当なものを、次の①～⑤のうちから一つ選べ。

①　行　　②　微　　③　隠　　④　囲　　⑤　大

(ii) この詩の解釈および本文の主旨に関する説明として最も適当なものを、次の①〜⑤のうちから一つ選べ。

① この詩は、蛍が人間の幸福になにも寄与しないことを批判的に描写しており、そこに作者の自らへの戒めとする態度が読み取れる。このような、身近な題材を用いつつ表現意図が明確に示された詩を学ぶことが、難解な詩を理解する基礎となる。

② この詩は、蛍が人々にとって身近な存在であることを修辞を凝らして描写しており、そこに作者自身のあこがれも表現されている。このような、身近な題材を用いつつすぐれた技巧が生きている詩を学ぶことが、難解な詩を理解する基礎となる。

③ この詩は、蛍が生まれた所に戻ろうとしない無情なさまを客観的に描写しており、そこに作者の望郷の思いが図らずも浮き彫りにされている。このような、身近な題材を用いつつ叙情性も備えた詩を学ぶことが、難解な詩を理解する基礎となる。

④ この詩は、蛍のか弱い生態を様々な角度から同情的に描写しており、そこに作者自身の消極的な人生態度も自然に吐露されている。このような、身近な題材を用いつつ複雑な情緒を表現している詩を学ぶことが、難解な詩を理解する基礎となる。

⑤ この詩は、蛍の寄る辺なくさまようさまを多様な角度から描写しており、そこに作者自身の旅人としての姿も投影されている。このような、身近な題材を用いつつ平易でかつ内容に奥行きのある詩を学ぶことが、難解な詩を理解する基礎となる。

3 『荘子《そうじ》』『老子《ろうし》』

（解答・解説は本冊116ページ）

❖次の二つの文章を読んで、あとの問い（**問1〜6**）に答えよ。なお、設問の都合で返り点・送り仮名を省いたところがある。

【文章Ⅰ】

「石《せき》」という大工の棟梁《とうりょう》（匠石）とその弟子が斉《せい》という国に行く途中、ある社の前を通った。そこの神木はとてつもなく大きく太いくぬぎで、枝だけでも何十艘《そう》もの舟を造れそうなほどである。弟子がその見事さに目を奪われていると、棟梁は振り向きもせず先を急ぐ。わけを尋ねた弟子に、棟梁は次のように答える。

曰ク、「(ア)已矣。勿カレレ言フコトヲレ之矣。散木也。以テ為《つく》レバレ舟ヲ則チ沈ミ、以テ為レバ二棺《くわん》(注1)槨《くわく》ヲ一則チ速カニ腐リ、以テ為レバレ器ヲ則チ速カニ毀《こは》レ、以テ為レバ二門戸ヲ一則チ液樠《まん》シ(注2)、以テ為レバレ柱ヲ則チ蠹《と》アリ(注3)。是レ不材之木也。無シレ所レ可キレ用フ。故ニ能ク若クレ是ノ之寿ナリト。」

匠石帰ル。櫟《れき》社《しや》(注4)見ハレテレ夢ニ曰ク、「女《なんぢ》将《は》タ悪《なに》ニ乎《か》比スルレ予《われ》ヲ哉。若将タ比スル二予ヲ於(1)文木ニ一邪。夫レ柤《さ》(注5)梨《り》橘《きつ》柚《いう》果《くわ》蓏《ら》(注6)之属、実熟スレバ則チ剝《はぎと》ラレ則チ辱《もぎと》ラレ、大枝ハ折ラレ小枝ハ泄《ひ》カル。此レ以テ二其ノ能ヲ一苦シムル二其ノ生ヲ一者也。故ニ不シテレ終ヘ二其ノ天年ヲ一、而中道ニシテ夭《えう》シ、自ラ掊《ほう》(注7)二撃《げき》セラルル於世俗ニ一者也。A物莫シレ不ルハレ若クナラレ是《ノ》。且《ツ》予《ノ》求《ムルヤ》レ無《キヲ》レ所レ可《キ》レ用《フ》久《シ》矣。幾《ちかクシテ》レ死《ニ》(イ)乃今得《ヲ》レ之、為《ス》二予《わガ》大用《ヲ》一。B使予也而有用、且得有此大也邪。且《ツ》也若《ト》与レ予皆物也。(2)奈何哉、其《レ》相《ヒ》物《トセン》也。而《シテ》C幾《キ》レ死《ニ》之散人、又《タ》悪《いづクンゾ》知《ランヤト》二散木《ヲ》一。」

（『荘子』による）

（注）1 棺槨——棺桶。
2 液樠——やにが一面にしみ出ること。
3 蠹——木を食う虫がつくこと。
4 櫟社——社の神木のくぬぎ。
5 柤——しどみ。果樹の名。
6 蓏——つる草につく実。
7 掊撃——攻撃。

【文章Ⅱ】

三十《ノ》輻《ふくハ》(注1)共《ニス》(注2)二一轂《こくヲ》一。当《タリテ》二其無《ノニ》一有《リ》二車之用一。埏《こネテ》レ埴《しよくヲ》(注3)以《テ》為《ル》レ器《ヲ》。当《タリテ》二其無《ノニ》一有《リ》二器之用一。鑿《うがチテ》(注4)二戸牖《いうヲ》一以《テ》為《ル》レ室《ヲ》。当《タリテ》二其無《ノニ》一有《リ》二室之用一。故《ニ》有之以《テ》(3)為レ利、無之以《テ》為《セバナリ》レ用《ヲ》。

（『老子』による）

（注）1　輻——車輪の轂《こしき》と輞《もう》（車輪の外周の部分）をつなぐ、放射状に並ぶ細長い棒。
2　共㆓一轂㆒——一つの轂に集まっている。
3　埴——粘土。
4　鑿㆓戸牖㆒——戸や窓にする穴を空けて。

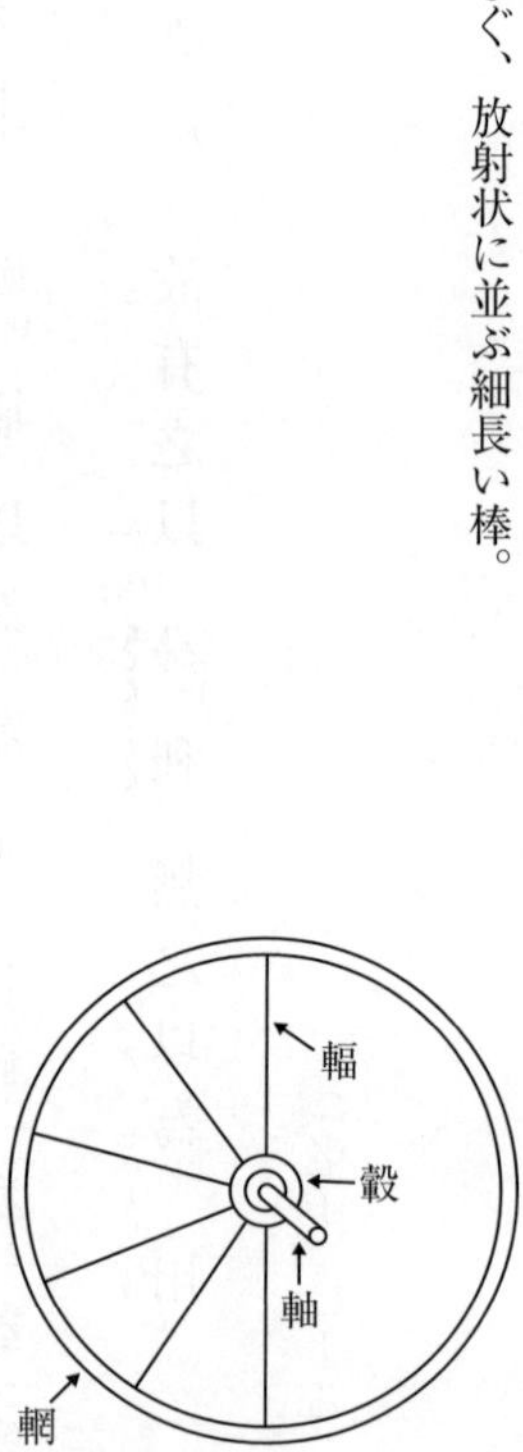

問1　二重傍線部(ア)「已」・(イ)「乃」のここでの読み方として最も適当なものを、次の各群の①～⑤のうちから、それぞれ一つずつ選べ。

(ア)「已」
① すでにか
② やめよ
③ やむるのみ
④ やんぬるかな
⑤ のみならず

(イ)「乃」
① けだし
② そもそも
③ ことごとく
④ つぶさに
⑤ すなはち

問2 波線部(1)「文木」・(2)「奈何」・(3)「為レ利」のここでの解釈として最も適当なものを、次の各群の①～⑤のうちから、それぞれ一つずつ選べ。

(1)「文木」
① 役に立つ木
② 価値のない木
③ 神聖な木
④ まっすぐに伸びた木
⑤ 長寿の木

(2)「奈何」
① しかたなく
② いつの間にか
③ 何を求めて
④ どうして
⑤ どのように

(3)「為レ利」
① 利益を得る
② うまく利用する
③ 使い物になる
④ 理解される
⑤ 完全な形になる

問3 傍線部A「物莫レ不レ若レ是」の解釈として最も適当なものを、次の①〜⑤のうちから一つ選べ。

① 能力のあるものは、その能力が高いほど世間からねたまれ攻撃されて苦しい思いをするものだ。
② 他者の役に立つ能力をもっているものはすべて、その能力ゆえに自らの命を縮めてしまうものだ。
③ 能力のあるなしにかかわらず、人々の役に立たなければ世間の批判にさらされてしまうものだ。
④ 長生きできるか早死にするかは天から授けられた寿命であって、自らの能力とは関係ないものだ。
⑤ 自分の能力が正当に評価されないことに対して、精神的な打撃を受けない人はいないものだ。

問4 傍線部B「使予也而有用、且得有此大也邪」の返り点のつけ方と書き下し文との組合せとして最も適当なものを、次の①〜⑤のうちから一つ選べ。

① 使レ予也而有レ用、且レ得レ有二此大一也邪
予《われ》を使ふに用有らば、且《まさ》に此の大有るを得んとするか

② 使二予也而有用一、且レ得有二此大一也邪
予をして有用たらしむるも、且に得んとするは此の大に有らんや

③ 使二予也而有用一、且得レ有二此大一也邪
予をして有用たらしめば、且《しば》らく此の大に有るを得るなり

④ 使レ予也而有用、且得レ有二此大一也邪
予を使ふに有用なれども、且《か》つ此の大有るを得たり

⑤ 使二予也而有レ用、且得レ有二此大一也邪
予をして用有らしめば、且つ此の大有るを得んや

問5 傍線部C「幾レ死之散人、又悪知二散木一」とあるが、ここから櫟社が匠石に対してどのように考えていることがわかるか。その説明として最も適当なものを、次の①～⑤のうちから一つ選べ。

① 人も木も同じように物であるということをわかっていながら、櫟社を見下して自分の有用さを誇示した匠石の態度を批判している。

② 櫟社が長い年月を神木として生きることができたのには深遠な理由があるのに、それを考えようともしない匠石を軽蔑している。

③ 自分が同じように物であることにも気づかず、あえて散木でいる櫟社の真意もわからずに利口ぶって批評をした匠石を非難している。

④ 自分の命が今にも尽きようとしていることにもまったく気づかず、尊大な態度で櫟社を見下すことしかできない匠石を哀れんでいる。

⑤ 何百年にもわたって人々にあがめられてきた神木の自分に対して、匠石だけがなぜ尊敬の念をいだかないのかを問いただしている。

問6 【文章Ⅰ】および【文章Ⅱ】の説明として最も適当なものを、次の①～⑤のうちから一つ選べ。

① どちらも「無用の用」についての話だが、【文章Ⅰ】は自身の用なる部分を活《い》かし切れず無に帰してしまった例、【文章Ⅱ】は無用と思えるものが大きな用を生み出している例が挙げられている。

② どちらも「無用の用」についての話だが、【文章Ⅰ】は他者にとっての無用が自身の用につながるという内容、【文章Ⅱ】は目に見えない無がそのものの有用性を支えているという内容である。

③ どちらも「無用の用」についての話だが、【文章Ⅰ】は固定観念にしばられることの危険性を、【文章Ⅱ】は自身の有用さを無用として内に留めておくことの大切さをたとえを用いて示唆している。

④ 【文章Ⅰ】【文章Ⅱ】のどちらも「無用の用」についての話であり、事物の有用性は無用な部分があってこそ成り立つものであるという逆説的な真理をたとえを用いて論じている。

⑤ 【文章Ⅰ】【文章Ⅱ】のどちらも「無用の用」についての話であり、ある人にとって無用なものが別の人にとっては有用なものになりうるという普遍的な道理をたとえを用いて説いている。

大学入学

共通テスト　古文・漢文　集中講義

Obunsha